二义盘互：嵇康《释私论》所涉范畴的名实关系问题

刘真睿 著

九州出版社
JIUZHOUPRESS

图书在版编目（CIP）数据

二义盘互：嵇康《释私论》所涉范畴的名实关系问题 / 刘真睿著 . -- 北京：九州出版社，2024.3
ISBN 978-7-5225-2644-7

Ⅰ . ①二… Ⅱ . ①刘… Ⅲ . ①嵇康（224-263）—哲学—研究 Ⅳ . ① B235.3

中国国家版本馆 CIP 数据核字（2024）第 051536 号

二义盘互：嵇康《释私论》所涉范畴的名实关系问题

作　　者	刘真睿　著
责任编辑	周红斌
出版发行	九州出版社
地　　址	北京市西城区阜外大街甲 35 号（100037）
发行电话	（010）68992190/3/5/6
网　　址	www.jiuzhoupress.com
印　　刷	北京亚吉飞数码科技有限公司
开　　本	710 毫米 ×1000 毫米　16 开
印　　张	8.75
字　　数	139 千字
版　　次	2024 年 5 月第 1 版
印　　次	2024 年 5 月第 1 次印刷
书　　号	ISBN 978-7-5225-2644-7
定　　价	70.00 元

内容提要

　　我们已知，嵇康的历史定位往往是以诗文家、琴乐家为重。而其思想家一面则多半围绕相关玄学命题范畴展开。其中，便以广为流传的"名教自然之辨"命题为代表，这就引出了本书着眼于《释私论》一文的撰写缘由。我们探讨《释私论》的名实关系问题，一方面能够助于在一定程度上加深嵇康研究，另一方面更能将其提出的原有范畴的玄学性、审美性加以进一步完善，以突出其理论的时代性、古今性。本研究立足此点，便选从范畴论为研究视角进行切入。本文通过对范畴论研究，试图深掘《释私论》文本中的思想意义与美学价值；同时本研究选以嵇康范畴为例，深入其背后所涉及的名实关系问题，使之助于还原"名实之辨"的初始内涵及其审美意义。《释私论》言："兼有二义，乃为绝美"。可见，二义盘互实是以《释私论》为典型的嵇康论述范畴的思想取向特征。其实，不仅《释私论》所提出的范畴中包含着一种名实相对关系，甚至于嵇康思想本身而言亦即如此。此外，由于"名、实"关系的统摄作用，也可以为我们明确《释私论》所涉范畴中以盘互性为代表的玄学范畴的审美特征提供了另一种思考维度。当然，本文对其所涉范畴与"名、实"关系的解析也是伴随着对系列问题的逐次解答而不断深入的。大致来说，可分为关系论、目的论、方法论以及人生观四个模块来层次性地予以剖析。综上，才能从名实关系立场在一定程度上探讨得出对《释私论》文本得出较为妥切的研究结论。

前　言

一、嵇康其人其事其学简述

　　嵇康（224-263 年），字叔夜，三国时期谯郡人，魏晋时期的琴乐家、文学家、思想家。在曹马党争之际，他同阮籍、山涛、向秀、阮咸、王戎、刘伶等人于其山阳居所一带交游唱和，被后世雅称"竹林七贤"，也被东晋袁宏《名士传》道为"竹林名士"。同时，他与阮籍也是魏晋玄学中竹林玄学的代表人物，在玄学美学思想上先后提出"越名教而任自然""审贵贱而通物情""越名任心"等重要论说，而此诸说即多出自《释私论》一文。嵇康尤喜老庄学说，并"非汤武而薄周孔"。拜官郎中，授中散大夫，世称"嵇中散"。司马集团掌权后，隐而不仕。其间，同为七贤之一的山涛曾举荐其代替自己出任为官，被嵇康作《与山巨源绝交书》所斥，列出"七不堪""二不可"等，言明利害并为"大将军（司马昭）闻而怒焉"。景元四年（263 年），因受钟会所陷，遭司马昭处死，时年四十。也正因其固执性格，造成"嵇康之死"这一典型历史悲剧。

　　嵇康工诗善文，清峻凌厉，其自称"刚肠疾恶，轻肆直言，遇事便发"，被刘勰称为"师心以遣论"、为钟嵘《诗品》评为"峻切"。今有《嵇康集》传世。嵇康诗作所存五十余首，其中包括四言、五言、七言和杂言，而其诗歌文学成就主要以四言为主。何焯《文选评》称："四言不为《风》《雅》所羁，直写胸中语，此叔夜高于潘、陆也。"嵇康之诗常表现出高蹈厌名的人生导向，以《幽愤诗》《赠秀才入军》等为代表，自述了其平生遭遇及对自由之神往。

　　嵇康音乐成就主要体现于其所著《琴赋》《声无哀乐论》等。他主张音声本质乃为"和"，合于天地乃为声、音的最高之境，人之喜怒哀乐情感并非音乐本身所带，而是人情所使，故"声无哀乐"。嵇康作有《长清》《短清》《长侧》《短侧》四曲，被称"嵇氏四弄"。

嵇康养生思想实则上承老庄并加以改良。其所著《养生论》为中国养生学方面首篇较为系统的学理专论，为后世陶弘景、孙思邈等所交相借鉴。因于魏晋之际养生大兴，且针对时下或修道成仙或生死有命的分化倾向，嵇康特倡导养之理，使人于现世最大程度地趋于神态。他认为"精神之于形骸，犹国之有君也"，即形神兼养而重养神；认为"以蕞尔之躯，攻之者非一涂；易竭之身，而内外受敌，身非木石，其能久乎？"即不可耽于声色，溺于滋味，讲求消减七情；认为"蒸以灵芝，润以醴泉，晞以朝阳，绥以五弦"，即清心寡欲，少欲少求，则可"与羡门比寿，与王乔争年"。

综上可见，嵇康本人无论在诗文、琴乐抑或养生等方面均有重要理论提出，这也在最大程度上保存了他的思想意图。对此，在其所处魏晋南北朝时期，诸如王戎即评其"与嵇康居二十年，未尝见其喜愠之色"，向秀《思旧赋》即评其"嵇博综技艺，于丝竹特妙，临当就命，顾视日影，索琴而弹之"，陈寿《三国志》评其"时又有谯郡嵇康，文辞壮丽，好言老、庄，而尚奇任侠"，袁宏《七贤序》评其"中散遣外之情，最为高绝，不免世祸，将举体秀异，直致自高，故伤之者也"。其后，隋唐时期张彦远《历代名画记》评其"能属词，善鼓琴，工书画，美风仪"，宋代黄庭坚《四友斋丛说》评其"嵇叔夜诗，豪壮清丽，无一点尘俗气。凡学作诗者，不可不成诵在心。想见其人，虽沉于世故者，暂得揽其余芳，便可扑去面上三斗俗尘矣"，明代李贽《焚书》评其"如康之天才，稍加以学，抑又何当也，而肯袭前人之口吻，作不情之遁辞乎？"诸如此类高评不胜枚举。

我们知道，嵇康是曹魏及后来司马氏政权控制下的竹林名士之中的代表人物。对于嵇康，我们大都也是通过了解所谓"魏晋风度"，进而走进作为名士阶层的嵇康内在世界；通过把握魏晋时人整体理论及作品创造的特殊背景等，进而把握了作为"竹林玄学"的倡导者与践行者的嵇康其思其论。在对嵇康《释私论》中具体范畴的系列考察后，我们实应更为突出一种"熔裁"①批评研究观念。所谓"熔"，即"规范本体"，指在批评者角度看来要借以"设情""酌事""撮辞"等技法方可达到"位

---

① 刘勰.文心雕龙校注拾遗[M].杨明照,校注.上海：上海古籍出版社,2001：265.

体""取类"以及"举要"的批评目的,即熔万千所长以给养原本;而"裁"则更多要求应具备一种"剪裁浮词"的研究思路来审视和评判诸如《释私论》等文本的古现代学术价值。综览嵇康相对短暂的一生创作,不难发觉其所抒写的诗文作品是多过于其所设立的理论范畴的,换言之,从嵇康本人角度出发可知,其诗文家本质远大于思想家一面,但这并不会影响我们对嵇康于《释私论》抑或其他文本处所设范畴的深刻性及其价值意义。《释私论》是嵇康的后期论述,大致写于三国末期司马氏掌权阶段。文章意图通过代表性的"越名教而任自然"这一命题范畴来抨击时政、针砭时弊,以达成其纾解内心苦闷的情怀且标榜主张的目的。该文自诞生之时就极具政治指向性,通过隐喻等抽象化写作手段来直指并揭露司马氏掌权者由于假名不实的"伪名教"统治手段。

此外,我们对于嵇康本人玄学美学思想的一般认识,在固有层面上普遍停留在对其《声无哀乐论》《琴赋》《与山巨源绝交书》等文艺批评式探讨。殊不知,统观以《释私论》为代表的嵇康诸论后,便可自然打破此种旧知,诸如《卜疑》《明胆论》《自然好学论》等论作,对于我们深入嵇康表意精髓之处更具范畴论方面的参照效果。其中,《释私论》长期以来缺少学界足够的研究关注,并且该文中以"名教自然之辨"为核心的名实关系形式又鲜明地展现出嵇康的玄学美学思想价值。

二、《释私论》的范畴研究意义

《释私论》的出现是嵇康思想成形的标志。通篇围绕君子与小人的对证形象展开,以主体心灵的客观反映程度为论述基准和指导原则,对心灵方面的外化状态:审美态度、审美活动等加以或进或退的能动把握,以期实现对主体心灵之外的一切事物给以对应回应。而在主客观的对应冲突实际中,就不免产生了主制于客、心制于物、君子制于小人的某种心灵困境,《释私论》将之表述为"违道、矜尚、情欲"。而面对此类困境的解法往往作为主体心灵能否达成"越名任心"这一审美态度或活动的关键。换言之,即如何"心无措乎是非"、如何"心不存乎矜尚"乃是决定"越名教而任自然""审贵贱而通物情"的审美可能。因此,在主体心灵一侧,便被动性地催生出一种二义盘互式的认知思维,即"君子则以无措为主,小人则以匿情为非",而"是非也,非私也,私以不言为名,公以尽言为称"。《释私论》言:"兼有二义,乃为绝美",即如是。

综上可以说,探讨《释私论》的名实关系问题能够助于在一定程度上深入嵇康研究、深入玄学美学研究。本书立足此点,便选以范畴论为研究视角进行切入。本书通过对范畴论研究,试图深掘《释私论》文本中的思想意义与美学价值;同时本书选以嵇康范畴为例,深入其背后所涉及的名实关系问题,使之助于还原"名实之辨"的初始内涵及其审美意义。由此可知,二义盘互实是以《释私论》为典型的嵇康论述范畴的思想取向特征,不仅《释私论》所提出的范畴中包含着一种名实相对关系,甚至于嵇康思想本身而言亦即如此。

其实,严格来讲《释私论》文本中所涉范畴很多,包括但不限于本书所涉及的内容,本书只是引用范畴论研究方法,而非面向该文所有范畴。因此,只得突出合乎本书基本指向的某类范畴,即盘互范畴一类。而本书的研究侧重则围绕嵇康《释私论》文本中所包含的数组"二义"类范畴加以展开,主要针对诸如嵇康所提出的"是非""公私"等范畴本身能否成立的理论问题、范畴自身是否存在某种深层次的名实方面的关系问题、范畴与范畴之间的"相对性"问题以及嵇康所设立的数组范畴中内含着的审美化特征问题等。当然,解析《释私论》所涉范畴内容需要始终伴随对名实关系问题实质的同步回应而推进。例如,嵇康数组范畴作为"名"而言,其所对应的"实"为何?这些范畴自身是否可以作为名实的一种载体形式而被理解?嵇康又是否对名实关系作了理论层面的延展和范畴化的总结等。

在核心论题方面,本书采用魏晋时期的"名实之辨"背景作为本书对相关范畴的阐述依据。同时,选取嵇康本人的名实观[①]及其于《释私论》文本中所牵涉到的具体名实关系表述加以整合,并从该文本所含范畴当中探究出其与名实之间的内在关联性。通过本书研究,将一定程度地揭示嵇康《释私论》中所提出的诸多范畴其自身的深刻名实关系特征。同时,《释私论》所提出的诸些对应范畴相较于魏晋时期的玄学背景而言,也更具某种审美化特征倾向。也就是说,对于《释私论》文本中所涉盘互性范畴的研究,应当更侧重对其审美观照,这样才能得出相应的玄学美学研究结论。又由于名实关系的统摄作用,也为我们明确《释私论》文本中所涉范畴的合理性提供了另一思考维度。当然,嵇康作为

[①]　有关嵇康之名实观相关论述详细见于唐长孺《魏晋南北朝史论丛》(商务印书馆,2010年版)第八章《魏晋玄学之形成及其发展》。

竹林玄学乃至整个魏晋哲学的典型代表,其范畴论中必然包含且不限于一个名实问题。如其对"声无哀乐""人之养生""言不尽意"等多项命题也都进行了不同程度上的表述,但限于本书篇幅及主旨意图所限,故对上述除去《释私论》所涉范畴之外的其余嵇论皆从略。

在本书构思脉络上,大致可分为判断论、目的论、方法论以及人生观四个模块来层次解析《释私论》所含盘互性范畴的理论意涵。本书试图通过这些方面的相互权衡补充,以达到对该文中所涉及的二义盘互类范畴的基本覆盖。本书认为,嵇康所论必然是渗透审美思维的[①](嵇康其人其思其论均或主观或客观地受到来自魏晋整体审美思潮的影响)。因此以该观点为立论根基,本书试图在各论述板块内相继掺入诸多有关审美化的理论诉求,以期从审美特征一面进一步分析其名实关系实质。如此一来,不但有益于对嵇康其思其论的认知更新,更可使嵇康原有诸多范畴的审美旨趣得到必要凸显。

---

① 关于此观点,详细可参考李泽厚《美的历程》(三联书店,2009 年版)之《魏晋风度》一章。

目 录

第一章

《释私论》名实观念形成
的研究思路综述

本书的研究思路主要围绕嵇康《释私论》文本中所包含的数组抽象范畴具体展开。在《释私论》具体抽象概念的选用问题上，则大体遵从嵇康《释私论》原文行文顺序，就观点被提出的先后主次顺序对其加以必要性的筛选和调整，大体上做到了对具体范畴选用的全面覆盖。本书尝试让所被选用的数组范畴在微观上"各表一枝"，在宏观上"盘根错节"，进而搭建起我们对于《释私论》核心论题的整体认识网络。通过本书对嵇康《释私论》中所涉及的诸多范畴的研究，发现每项概念均是以一种"兼得二义"的组织形式来进行自身建构的，也就是说，范畴自身始终存在打破自身作为范畴的必然单向性的。具体来讲，一方面在整体上，范畴与范畴之间拥有必然关联（类比之法）；另一方面于各自内部又是绝对之中有相对、抽象之中有具象。并且，本书最终对于数组范畴无论是从整体抑或从作为整体的各部分处出发进行探究，所得到的结论都是各个范畴会统一作为一种"大整体"而集体指向一种嵇康式的人生境界。本书认为，嵇康范畴只有在这种"大整体"（也就是所谓"自然"）层面上，才能对其中包含的数组"子范畴"的自身意义达成既克服又保留的目的，从而让其服从于统一的"自然"大整体之中，并达到对其的"整体性"超越。换言之，这种富于超越性的境界意义的"大整体观"，相对于数组具体范畴而言则自然构成了一种绝对同相对的辩证关系，而数组各个具体范畴本身又作为一种"小整体"也自然演化出一种呼应"大整体"的"既同且异"的"兼性"关系。在"大整体"的视角下，"小整体"则表现为一种"措"之"名"，是应予以"越或弃"的；而对于这种"大整体"自身，则将自然升至一种予以"任或忘"后的"实"境界。故如从这种"兼"的维度上思考嵇康范畴，就可把名实关系同范畴之间近乎审美性地结合了起来；同理，对"小整体"之于其"子部分"二者而言，其名实关系问题的范畴辨析则亦然。

其实，不仅《释私论》所提出的范畴中包含着一种名实的相对关系，甚至对于嵇康思想本身而言，亦即如此。而本书的论述脉络的形成，就是在试图进一步地回答诸如嵇康数组范畴作为"名"而言，其所对应的"实"为何、这些范畴自身是否可以作为名实的一种载体形式而被理解，以及嵇康是否对名实关系作了理论层面的延展和范畴化总结等系列问题。总之，嵇康名实观的形成，正因于此。由于这种无法彻底摆脱由某种不可确定且总带有不断超越性质的审美理想的存在，就始终主导着嵇康的理论构思。而对于嵇康这一终极性诉求的研究，也需要我们时刻将其注入到对于嵇康《释私论》所涉范畴的具体理解之中去。

本书的创新点在于突破了"共时性"模式,即一种若研究魏晋玄学,则必就玄谈玄;若研究嵇康,则必就文艺谈文艺的研究风向。本书选取了嵇康较为小众的文章并进行极其细致的剖析,即意在试图引起对文本细读的重视性;同时通过列举文本的外围范畴而不断更新着对"名教""自然"概念的理论认识,从而予以深化《释私论》的"越名教而任自然"这一中心命题。此外,本书也相应地引入了佛家的"色空观",以为解读嵇康所提出的诸多范畴提供另一个思考方向,目的都在于最大限度地丰富《释私论》文本所涉及的诸多范畴的理论内涵。

本书的研究方法主要为范畴的选取与整合、命题的推导与辨析、具体概念的相互比较以及逻辑判断等。通过这些思维方法上的推演来逐步构建《释私论》的思想体系,从而试图达到还原《释私论》中诸多范畴自身的真实含义。碍于本书研究对象为诸多抽象性范畴,所以在具体论述过程中,则多就《释私论》内容本身加以延伸,做到既不脱离文本内在主旨又对其所涉及的范畴进行多角度说明。同时,本书也多关注于对相关研究文献的综合引用,着重提炼除去原著以外的诸多古代与近代的学者研究观点,做到既兼顾嵇康本人的固有观点又针对于《释私论》文本的特定性。通过对《释私论》与其他嵇康作品的比较与辨究,从而试图达成本书的范畴阐释的目的。又因嵇康《释私论》文本极具理论特色,即内蕴性、隐喻性,故在本书具体写作上则尽可能地结合其文本特质而对其作出写作语言方面的相应调整:一方面,意图呈现嵇康本人的思想原貌而不至于造成"词不达意"现象;另一方面,借助《释私论》文本自身的包容性而从类似审美角度等方面对其进行审美观照与美学价值解读,这样亦可凸显《释私论》的文本价值。

第一节　玄学美学的范畴论研究思路——
以"名教自然之辨"为例

　　"名教自然之辨"这一命题出自嵇康《释私论》,乃是该文论述核心。我们从范畴论立场探讨《释私论》的玄学美学思想问题,就不免需要以此范畴为始。同时,它也是我们进一步考察其中所涉名实关系问题的依据观点所在。因此,在探讨嵇康《释私论》名实观的立论基础问题之前,就不得不先行对"名教自然之辨"的玄学美学属性加以辨究。以之为例,通过宏观视角下对玄学美学的研究思路的分析整理,有助于先期直观理解嵇康范畴论当中的名实关系及其审美特征的二义盘互状态,也有益于从接受层面自觉建立起对《释私论》所涉范畴意涵的一种主观审美态度。

　　所谓玄学美学,不是哲学同美学在学理上的机械整合,而是在"辨玄"意义上借助审美视角来对彼此学理意涵进行统一感性认识。这一点具体反映到"名教自然之辨"命题的提出和探讨上同样适用。"名教自然之辨"作为魏晋玄学诸理论命题之一,尤其体现玄学美学概念的典型内蕴。而就其研究情况而言,当前学界有关魏晋玄学同其美学之间的学科关系问题的研究仍不成规模,且以名教与自然概念之间的纯粹玄学关系为论述对象的研究成果仍不够突出。因此,通过本书的指向性论述,可让玄学命题("名教自然之辨")的审美含义得到进一步的自我生发,并最终深化对玄学美学这一综合范畴的理论再认识。

一、研究意义、重难点及创新点

　　玄学作为魏晋时代的思想结晶,始终同魏晋特定的客观历史背景紧密相连。可以说,无魏晋则无玄学,谈玄理就是谈名士、谈风尚。因此,为了规正研究视角,坚持命题导向的研究思路是较符合玄学思想自身特点的。玄学思想内部是有其自身相对清晰的逻辑线索的,且具明、暗线之分。明线即以王弼提出至向、郭收尾的"有无之辨"这一命题为典型,而暗线实际上是在同魏晋这一特定历史背景的相互作用中得以接续成形的。细化来说,可归纳为东汉末期党锢之祸后的清议交游——建安时期的"才性名实之辨"(清谈)——明帝及正始时期的"言意之辨"——竹林至西晋时期的"名教自然之辨"。由于两条命题线索的交叉影响,就为玄学美学概念的逻辑成立提供了理论保证。玄学美学这一概念从方法论意义上统筹和界定了"名教自然之辨"命题的美学实质,即应用玄言(转化审美方式)、进行玄谈(确立审美关系)、得出玄理(发现审美意味),而且其旨在对名教自然二者的内在主客对应关系进行某种整体审美观照。此外,对玄学美学范畴的构思也应着眼于对中国美学传统思维的表达上。作为中国思想史的特有思潮现象,其孕育的某些典型哲学美学范畴诸如名实、"言意""才性""有无"等,也都经由魏晋时人以谈玄的方式或直接或间接地完善了对美本体及美感问题的理论建构,于是就有了彼此天然的共性思考模式——玄化或情感化意识。因美学所关注的恰恰是富于感性色彩的理论命题,如此一来,研究玄学命题在某种程度上就为研究美本体问题提供了另一思考面,即通过建立玄学美学的综合范畴来升华感性审美的思辨力度。而这正是玄学美学这一研究领域的成立意义所在。

(一)研究意义

对玄学美学作为一种整体概念何以成立的必要原因及其逻辑历史脉络进行再归纳、再演绎,可被视为研究的主要理论意义。其实将玄学美学作为一种研究概念加以提出,是具有中国现代学术意义的。自宗白华、徐复观、李泽厚等学者初步勾勒了所谓玄学美学概念范畴的基本内涵和学术定位后,又经由蔡钟翔、高华平、张海明等学者的不断开拓,极大地巩固了该概念的学理性,使其逐步显露出对魏晋玄学思想研究的特有优势。诸如张海明的"玄妙之境"、蔡钟翔的"审美自然"、成复旺的"人学审美"、陈洪的"醒醉人生"、蒙培元的"审美超越"、韩国良的"道体·心体·审美"、高华平的"玄学趣味"等均为代表,而这些观点的提出目的之一就在于不断完善对玄学美学的概念建构。玄学美学作为学术研究对象和主题,也通过该些理论升级而开始产生了一种逻辑必然。

另外,作为中国哲学(美学)思想史的重要组成部分,魏晋时期本就以多样的文艺门类著称,且有着将美本体、玄本体等抽象理论问题形象化、艺术化的表述传统,如"形神"在顾恺之处转为"传神""元气",在谢赫处转为"气韵""自然",在宗炳处转为"山水"等。而通过研究魏晋玄学这一中国思想史的典型化、独立性思想体系样本,可以达到扩充中国美学史中魏晋部分的审美范畴内容的效果。在对其内部所蕴含的美学含义、特质及旨趣等方面予以宏观把握的基础上,可以尝试从六家玄理论说[①]中抽离出数组带有鲜明美学特征的玄学范畴,并以此为依托来对"名教"与"自然"的表层特征以及"名教自然之辨"的深层意指作审美意义方面的对比分析。同时,通过论究"名教"与"自然"二者关系的实质来说明"名教自然之辨"命题的整一性实质,也能达到深化玄学思想审美化的论证意图。

具体来说,如玄学思想之一的嵇康思想,其对整个玄学思潮而言是有过渡性质的,典型表现就是嵇康论述命题的方式、用语以及逻辑等均相对综合,而"名教自然之辨"命题也远出其《释私论》一文。嵇康借由在文中设立的数组抽象范畴,来对"越名教而任自然"这一总命题展开了多维度厘析,这里就涉及了"越名"的实践方式("无措""不存")、"任自然"的获得途径("通物情")等内容。若从伦理学角度,将人性所"无措"或"不存"地视作是非曲直,这是一种道德解释;而在美学意义上,这些道德实践方式的最终目的却皆为丰富抽象道德的情感属性而服务,并在"名教自然之辨"命题之上自动生成一种名为"自然"的悬置世界或"游玄"境界(确切地说就是一种审美主体的自然化结果,即王弼的"体无")。而这之所以能够顺应产生,重要依据就在物情的实现必须通过物的"自然化"(即情感化)功能得到调适,其后方可升为一种自然美的艺术性存在形态。需注意,这里的所谓自然美已然纯作一种审美感受而被审美主体所接受,非指西方美学理论的审美领域之一。因此,这种自然美范畴在嵇康那里即已不再相对化了,而是作为某种绝对性的审美范畴被主观刻画了。

[①] 本书在魏晋玄学思想的断代分期方面采"三派"说(具体详见方立天《玄学的范围、主题和分期》、高晨阳《论魏晋玄学派系之别与阶段之分》等),即重点依托王、何、嵇、阮、向、郭玄学六家思想学说,从其各自对魏晋玄学思想整体的形成作用出发,来对"名教自然之辨"命题进行美学研究。

此外,将玄学美学作为"名教自然之辨"命题的主要研究思路更加有益于深化美学学科之于魏晋玄学思想研究的方法论意识,这也是该研究的实践意义。21世纪以来,学界开始不断认识到美学学科的交叉属性及其同文学、艺术学、哲学的理论共享关系,再经由西方古典美学理论现代化、本土化的加速转型,使得我国相关学者加强了对魏晋玄学这一中国思想史中极具思辨性的思潮范本的关注力度,并逐渐发觉到玄学思想其内在固有的美学研究意义,随即主动建立了玄学美学这一学术研究范畴加以概念整合。鉴于此,我们可以得出这样一种结论,即玄学美学概念的设立对于魏晋玄学思想的整体研究而言是有关键意义的。这种意义就在于通过引入美学原理等研究视角来再审视、再发现乃至再更新旧有的以玄论玄式的研究内容,使原本的研究结论在美学学科领域能够持存持新;同时,这种意义对于美学学科自身的发展而言亦然。其不仅仅拓宽了美学研究的学术视野与对象范围,使得美学学科跳出刻板单薄的文艺框架而更多还原出其哲学原貌,且推进了西方美学理论的本土化步伐,让其特有的原理功能得以中国化适用。具体到魏晋玄学思想上,即可体现为一种论美的玄谈化或美感的玄言化。

(二)研究重难点

就二者之间的比较关系而言,可将研究重点置于宏观将顺玄学美学的整体概念思路与逻辑主线(明线)上,并且着重阐发"名教自然之辨"命题对玄学美学研究的实质影响(暗线),从而做好两条线索的有效搭配。其实除却"名教自然之辨"这一明线角度,在暗线方面也可针对性论述"名教自然之辨"在魏晋玄学美学概念建构过程中的潜在影响。比如,可选取曹马党争作为历史背景研究角度、名理之学同玄远之学的划分作为学理依据研究角度、魏晋名士群体对于名士概念的形成作为审美关系研究角度、以魏晋玄学观的典型美学范畴魏晋风度作为认识方式研究角度等。以上,抽象概括出所谓"美在辨玄"这一研究结论来作为玄学美学的研究思路落脚点。

而该研究难点则在于如何发挥好玄学观本位而非玄学家本位的行文指导思想,并处理好玄学家个人观念同魏晋玄学美学思想体系之间的平衡性。过往研究无论针对于魏晋玄学本身抑或魏晋玄学美学等问题,都或多或少表现为从个别玄学家的个别观点处出发来做词条式、散点式的论述分析,当然这是受西方研究模式影响的结果。其优势是对玄学家的相关玄学观点能够相对陈述翔实,但另一方面也会造成一些研究困境,如破坏了玄学作为独立思想体系的特殊历史(魏晋)意义、将玄学本身的思想演变同个别玄学家的前后观点等同起来、将玄学观点本身同其所具备的审美意味割裂开来。进而,时常导致由于某一玄学家其个别观点论说的先后不一(如王弼的"举本统末"与"崇本息末"同时存在)或该思想的玄学美学义不明朗、不聚焦(如郭象对"玄冥之境"的解释)等,就粗暴地对该玄学家的玄学观或美学观持直接否定或间接摇摆态度。这种情况的出现往往在于未能较好地形成玄学研究的一贯思路,即从方法论角度将魏晋玄学的历史断代性与逻辑闭合性加以突出,并运用整体玄学观来对彼此的玄学关系以及玄学美学概念成立的理论必然性等问题加以广义认知。

(三)研究创新点

该书的理论创新则在通过研究名教、自然及"名教自然之辨"等概念的美学属性与审美价值,能够一定程度上发掘魏晋玄学思想的审美意蕴,并在某种意义上扩充中国古典美学思想的范畴内容。

首先,以玄学美学研究思路加以探讨"名教自然之辨"这一命题,实质上可不再受制于"名、名教、自然"等单个概念的固有传统,相反,可更多地发觉和展现出彼此之间在魏晋玄学思想内部的贴合度和融洽性。不单列"名教、自然"两概念,对二者不作概念上的单一划分,而是力图从审美角度上着眼"名教自然之辨"的概念整一效果,如此一来,可不断发掘其玄学义所自生的内在美学含义。通过对"名教自然之辨"命题的学理探讨,即从方法论上统筹界定魏晋玄学的美学基调,可以自然得出关于美本质的基本论点:美在辨玄。

其次,有别于只重复综述式、词条式的固有研究模式,特别针对"名教自然之辨"的美学研究意义问题,从玄学美学之于魏晋玄学美学思想研究领域的自洽性、自生性特征方面出发,可借以凸显魏晋玄学思想体系自身的历史断代性与理论完整性。这实际也是该研究的二次创新。但应当注意的是,即便以玄学美学作为主要论题,在现行成果中也多是将玄学与美学的关系、性质及内容作简单化处理。而这实则对玄学美学整体概念建构而言是不利的,最后不免还是会陷入对二者学科关系上的机械拼合。

此外,玄学美学之于魏晋玄学而言,显然是从属关系,是从属于中国思想史或美学史框架下的魏晋玄学研究领域的,但在面对魏晋玄学或美学问题时,有部分研究却不自觉地倒向了对诸如田园诗、游仙诗、汉化佛教、山水画等方面的魏晋文学艺术研究,这是不妥的。若该些研究针对于魏晋玄学领域本身,那么就是对魏晋玄学的历史分期问题尚未做到充分了解和探讨的结果,以致有东拼西凑之嫌。同时,在未深入玄学思想本身的基础美学含义的前提下,就贸然从学科角度对魏晋玄学领域做添加也是不必要的,只会造成研究对象的不明确和研究结论的模糊感,并在很大程度上消解玄学之谓玄学的本体论玄理内容。而将"名教自然之辨"命题作为玄学美学范畴研究的主要切入点,能够有效缓解美学研究思路下的魏晋玄学的现有杂化倾向。

二、以"名教自然之辨"与玄学美学的关系研究为例

东汉建安以来,传统崩塌与反传统重塑的起伏状态始终在玄学家(阶级内部)中充当"资源互利"的筹码,尤其在维护儒教法治层面("名")上更是强力取消了所谓"名教自然之辨"的存在必要性,以实现客观的社会同一,尽管这是一种话语专制的"伪统一"。所谓"名教"即为儒家框定社会人伦所推行的一套准则法度。当然,魏晋时期名士间已普遍将"名教"同"自然"作为一组对立概念来研判辨析,此可多散见于魏晋名士之各家论谈之中。而对"自然"概念则多半继承了《老子》"道法自然"的理念宗旨,并在认识论范畴内更有针对性地强调出其本体意义。比如,夏侯玄直接提出"自然者道也"一言,即明确"自然"就是万事万物之基。而据汤一介考证,魏晋时"自然"当为一义多解。"自然"可谓"天然"之"自然""偶然"之"自然"(钟会《老子注》:"莫知所出,故曰自然")以及"必然"之"自然"(郭象《庄子注》:"命之所有者,非为也,皆自然")等。但无论作出多少解读种类,终究不约而同地指向着"自然"本身的本体性质。20世纪40年代汤用彤就对"自然"概念加以"名教"解读:"放达之士,其精神近庄子,嵇、阮开其端,至西晋而达极盛。讲《老》《易》者如王、何,较严正,以名教合自然。讲庄子者较浪漫,反名教。"[1] 故而,

---

① 汤用彤.魏晋玄学论稿[M].上海:上海人民出版社,2015:17.

本书即提供一种关于"名教自然之辨"的玄学美学研究思路,具体可分为四部分内容示例如下。

(一)"浮华案"对名理归向玄远的进逼:"名教自然之辨"命题的初步审美化

东汉末期,由于党锢之祸等历史原因使得朝野士人不断外泄,加之汉初"独尊儒术"的政治统治手段渐趋疲软,儒家礼教对被统治阶级的政治钳制力开始消亡,最终经黄巾起义等运动而彻底呈退居态势。由于建安时期曹氏(曹操)并未代汉,所以彻底针对乃至破除儒礼名教的声音在当时并未实际形成。曹操执政因袭察举征辟而唯才是举以适应时局,虽已为清谈交游这一历史传统(东汉以降,臧否人物)开了窗口,但根本上仍是变相地利用政策来为世家垄断目的服务(建安时期名理之学占据上风,玄远之学常被压制)。这样一来,玄学思想(以才性名实之辨作为开端)的萌发即因阶级的流动而成为可能,却也间接滞后了玄学思想体系的自我"完形"。纵使是在"魏武好刑名"的品评才性主题期,在筑高刘劭、傅嘏、裴徽、钟会等"名理之学"的平台之际,也有意地保留下了如荀粲、夏侯玄等"玄远之学"的观念种子。至曹丕建魏代汉(220—265 年)后更有了明显改观,所谓玄远者开始生根发芽。由于魏文帝重文慕节,士族势力又得到巩固,这就为尚玄谈虚的浪潮奠定了历史背景方面的活动(审美化)可能性。而后魏明帝太和至景初年间(237—239 年)以示特恩,继续为士族阶层广开言路,致使所谓善谈玄理之人得到量产,故有以司马师、诸葛诞、毕轨等为代表的"四聪""八达""三预"的群像特征出现。这时纯粹谈玄的态势开始反制,并逐步和清谈国事、交游名理等进行内容上、思维上、取向上、诉求上的深度融合和主动绑定。也就是说,清谈士人开始自觉倒向为了"玄理名士"(魏晋风度),玄远之学于是自觉进化为了正始玄学。而这一套理论自新之所以成立,是有深刻的历史复杂性的,其不单源于外部环境不稳定性的刺激,且还受到来自曹氏政权内部的不利影响。而当谈玄绑定了名理、沾染了国事气息后,显然就变格成了"浮华"。又因谈玄主流参差,且有相当一部分异姓士族呼声甚高,如司马师等,这就为魏明帝代表的曹氏集团所无法容忍,便有了所谓的"浮华案",有了自上而下利用政治干预来加速收拢玄学的社会态势。

　　表面上看,这是玄学主题同历史背景之间互换的必然结果,实质上也正在于"浮华案"事件的进逼,让玄学的自我理论化程度第一次有了质的跃升。其具体体现在两个方面:其一是以王弼、何晏为主的正始玄学得以成型,且产生了从方法论层面思考人事的逻辑自觉,并为后续玄学理念的持续填充提供了本体论与认识论基础;其二是由于这种方法论思维的引导,使得本该晦涩的玄理借由认识方式(如得意忘言、圣人有情、本末体用等)的升级而演化出了一种内在审美自觉性("人格的觉醒"),如选人开始全然倒向了品人,进而有了所谓"马氏五常""颍川四长""荀氏八龙""司马八达""八顾""八及""八俊""八厨"等雅称之说。

(二)王弼、何晏玄学观:"名教自然之辨"的玄言表述模式

　　即主要从名理之学同玄远之学的学理分野(历史性)、名教与自然同"名教自然之辨"的概念分野(逻辑性)两方面来进行"名教自然之辨"问题的美学探讨,王、何的玄学观的直觉方式在于开发了一种玄言模式,即得妄论,其美学义在于为"名教自然之辨"的意指取向构造了一种审美关系。因于王弼、何晏对"圣人有无情"概念差异的缝合,使得名士群体开始有意识地体验到所谓名教以及自然概念的历史对立性(政治功利),并试图对二者加以初步范畴化。同时,正始名士利用名教、自然彼此之间的所指空白地带进行某种能指附加,并在宏观上黏合成"名教自然之辨"这一单一命题,从而使其内涵异于纯粹对立态的名教或自然概念。在建构玄学体系层面,王、何为代表的正始论家开始自觉将"名教自然之辨"的所指含义从广义领域抽离到狭义当中。从个体人性的感性精神出发,即区分了广义的名、名教及自然主体(才性四本论:合、同、离、异)与狭义的"名教自然之辨"者("审美的人")。

　　高平陵之变后,以司马懿为代表的司马氏集团借机成事,与曹氏家族构成斗争关系。司马氏加紧粉饰"忠、孝"等儒礼概念,以达为己正名的目的。在这里,名分真正改换为了"名教"(司马氏的"名教"之所以是"伪名教",就在于其政治斗争的绝对功利性)。进而,正始谈玄者又再次丧失身份,其所谈玄理又不免被摘除了政治性内容,最终选择倒向了某种"玄冥"(向秀、郭象等)。在这些内外部因素的共同作用下,玄学思想也从草创不定走向自我成熟,逐步完成了真正意义上的玄理化。事实上,在曹丕称帝之前也就是建安时期,曹魏环境的复杂性(客观一面)

成为统治阶层集体偏于名理之学的内因。在这一时期，玄学理论虽然开始萌芽但仍旧处于初级层次，即玄谈等于了清谈，某种程度上只能算是价值论或者伦理层面上的"谈玄"（品藻）行为而已。所以，严格来讲，这种玄谈还不能算作玄学，至少其不具备或较少反映出体系化的玄理内容。但自曹丕执政始，至明帝及正始时，碍于外部因素减弱、内部斗争加剧，倒逼名士们朝向脱离现实政治的一面，而选用宏观视角将普通人事物的具象真理予以抽象化。如此一来，也就改清谈为玄谈、换"浮华"为玄言、变玄理为玄学。因此，玄学开始了由"本无"到"崇有"的立论发展进程，才先后有了才性名实之辨、言意之辨的理论进化，最终在嵇康那里生成了所谓的"名教自然之辨"这一魏晋玄学命题。

魏晋思想家王弼墓

（三）嵇康、阮籍玄学观："名教自然之辨"与魏晋风度

通过对嵇康等玄学观的分析,能够从审美人生观角度思考魏晋风度是如何成为一种特定审美范畴的,以及其对"名教自然之辨"命题的美学属性的审美发现问题。嵇、阮的玄学观的感性意识在于求证了一种审美态度,即"越名任心",其美学意义在于为"名教自然之辨"的情感思维养成了一种玄理化的人生观,也就是魏晋风度。同时,探究名士群体的形成发展过程,也需从名士概念的玄学美学含义方面来切入探讨,方能将自然美作为一种审美范畴的审美必要性给以呈现。相较于士人阶层以政治经济为裙带基础,名士则是从该层面上所抽离出的"精华"。"精华"之"精"在于他们可以某种程度上为保个体务虚式的抽象精神概念("越名")而或放弃或回避务实做法("名教")。我们可以发现,这种精神上的缔结实际往往是自发的,其最终目的在于表达对时代性集体命题的个体理解,以及直接或间接地确保学脉的延续。

实际上名士概念不同于士人士族,后者当属一种阶层倾向,而前者更偏重持有共同理想的特定身份群体,即有着共同精神性目的的学术团体。《礼记·月令》:"(季春之月)勉诸侯,聘名士,礼贤者。"后郑玄注:"名士,不仕者。"再后孔颖达疏:"名士者,谓其德行贞绝,道术通明,王者不得臣,而隐居不在位者也。"由此可以清晰看到,名士概念得以成立的必要条件就在"才而不仕"。换言之,名士之所以为名士,更类似一种风格化行为及处事态度。这一点在魏晋正始时期乃至永嘉之乱前后(即玄学理论成型期)被表现得尤为强烈,所以玄学思想自诞生起便受其滋养而自觉同这种名士风格和志愿保持了同频。

那么作为名士的嵇康又是如何表述"名教自然之辨"的?实际上,他自觉引入了假借方式,也就是所谓的"声无哀乐"观。他用声音不因主体情感变化而动的具象事实,借以说明名教同自然在概念上是存有二分关系的。所以,无论曹氏(尽管嵇康作为曹氏家族成员,其政治倾向性可归于曹氏)抑或司马氏,都不能真正代表、禁锢、剥离甚至扼杀名士作为(审美)主体的选择权利。并且,作为名士其审美理想也必然是以摆脱主体的政治依附性为实际目的的,这一点在嵇康身上尤为显著。纵观整体玄学发生发展脉络,嵇康思想是作为中间环节而展示过渡作用的,而这就使他的这种"名教自然之辨"意源在玄学性、审美性上相对于先前的王弼或其后的向、郭而言,留有了较强的割裂性、绝对性的表述特

征。嵇康所认为的"自然"往往是同"名教"产生根本冲突的,但其间究竟如何过渡并最终达成双方的某种妥协(由理念方升至概念方的平衡),这是需要详加说明的。嵇康用浪漫的甚至是审美的眼光试图从范畴论角度辩说二者,诚然也是出自其倾曹氏而拒司马的政治立场所作出的现实让步,但更为重要的是,由于受到老庄的影响,嵇康思想中本就保有同王、何等人严密体系论调的相异之处,即虽是崇尚"自然",却以一种近乎艺术化的浪漫主义视角来分辨"名教"同"自然"范畴之间的内部差异。而回落到名实关系中,当然也就作为了一种包裹嵇康本人名实关系思想的装饰形式了。不得不说,由于携带这样的思考模式来观照嵇康思想,就势必会使其更为凸显鲜明的玄学美学内涵。

而对于魏晋风度这一概念的形成,玄学思想的作用更是首当其冲的。可以说,没有玄学思想的产生,风度的所指就不会同魏晋这一历史时期发生意涵上的匹配,毕竟唐宋文人诗画与明清市民文艺往往更能营造和供给适宜的创作环境和样式范例。但魏晋时代终究是独特的,其独特处之一就在于该思潮的涌现是以人物品藻为历史开端的。乱世中国,内忧外患,兵燹祸劫,其中所谓主流价值观的构成也多始自政治因素的考量,如先秦王霸之辩和宋明义理之辩等。同作为思潮现象的魏晋玄学在初始也是征辟察举制的产物,但不同之处就在于名士群体其审美理想的一致性,令原本唯才是举的政治行为逐步向人物品藻的清谈乃至玄谈行为演进。从为统治服务过渡到为学说服务,这不得不说正是一种历史自觉和审美自觉,即学界始终强调的"魏晋自觉"。为了辩证好"名教自然之辨"命题的某种抽象关系,这种文人自觉便特别寄托于具象传达,即所谓"任侠、任诞、养生、放达……"换言之,就是个人处世的情感化(审美情趣)。也正因为这种审美理想的持存,才使得音声无哀乐、厌世不厌生、养生且纵欲等有了来自玄学内部的审美心理解释。

(四)向秀、郭象玄学观:作为某种审美理想的"名教自然之辨"命题

通过了解向、郭的玄学思维,可以深入探讨"美在辨玄"问题,即玄学理论作用下的审美机制和审美实践活动。向、郭玄学观的辨玄目的在于生发一种理想色彩,即"遇即是命",其美学义在于为"名教自然之辨"的玄化效用寄托了一种境界美感。由于选取玄学视野,让原本的审美情趣自然转向了人生志趣一侧,并突出了玄学审美的意指性——审美的人

生观含义。玄学与美学在本体论框架中可以说是呈现为"两个世界"的,但由于魏晋风度等审美范畴的渗透而使之有了"流动"状态。在这个过程中,玄学同美学在人生观意义上被不断塑造,共同构筑了对主体抽象精神本体的感性认知基础。

"两个世界"论,意在表明向秀、郭象对于"名教自然之辨"命题的真假性上是持有真有假、可真可假、能真能假的态度的,其目的皆在"遇有以化无"。那么经由此,这种个体的审美情感往往需要从对主客观因素的真假判断方面("名教自然之辨")得以保存。人性或人事的真性是一定存在的,但它会以何种形式、身份、名称、逻辑等来体现自然情感,这是"名教"范畴在"名教自然之辨"关系中的立论意义。而由"非真非假"到"无不真假"的感应会合运动,即可成为玄学层面的审美判断内容。玄理的"真假"是审美标准,辨玄的过程就是对这种审美标准的玄学解释。美从本体上讲,依旧是受物而非造物,具有来自具象物的主观性质。从王、何得忘论的角度讲就是得意而忘象,这种"玄美"最终会通向"本无",这也是魏晋玄学与美学在范畴内部能够最终一致的论述结果。玄学为美学补足了本体依据,美学又具象地反映了玄学思想的人生意义。例如,对郭象玄学中"忘"概念的审美理解就可以是"忘彼此之是非"(即"分而齐之"):从审美关系上将"名教自然之辨"二分;"忘其彼此"(即"有而一之"):从审美感受上将"名教自然之辨"还原;"忘"(即"有而无之"),即"玄合":从审美理想上将"名教自然之辨"同化。并且,这种审美机制还可以从魏晋玄学思想的发展历程中得到启示,即将由"贵无"朝向"崇有"、玄谈朝向玄化、名教从属自然的"集群性审美"模式(一对多,如王弼、何晏),不断推演到名教合成自然的"对象性审美"模式(点对点,如向秀、郭象),并自觉融进主体之于客体的审美发现的同一过程中(玄学美学得到合理结合)。

综上,从逻辑同历史相统一的研究方法层面考量,"名教自然之辨"的玄学关系具体可如下所示。

A. 正始阶段(220—249 年)——本末观——从属关系——名教从属自然

B. 竹林阶段(249—265 年)——越名观——冲突关系——名教自然对立

C. 元康阶段(265—317 年)——玄合观——消解关系——名教自然同化

从玄看美,玄是玄义,美为美感;但从审美发现的视角,在美本质层面,由玄到美的实践活动过程恰恰说明玄能够美、玄义具备美感、玄理可被审美化解释、辨玄随即也就成为辩证审美本质的自主活动机制。

第二节　相关名实问题的研究综述

对于名实关系问题,在嵇康之前,自先秦时就开始有不同论家论派依循两种路线对其大加究析。一方是从纯粹形而上的概念角度出发,以名家学派立论;另一方则是从现实社会发展以及纲常伦理秩序角度出发,将二者道德化、行为化,即将"名"引向"名教"而不断为其"正名以顺言",将"实"带入"礼乐"而加深使其"仓廪而知节"。自两条路线而下,就必然会产生出对于名实关系不同层面上的反复之"辩"。而对于哲学思想(思潮)来说,始有分别,终究必然有所糅合,如嵇康者便是,后文详赘。

一、嵇康之前的名实研究

春秋时期邓析著《邓析子》,提倡所谓"循名责实,按实定名",就开始有意识地对于名实二者作出范畴上的区分,主张从对应性角度来考察二者的对立统一关系;同时,邓析认识到在理论上不可单一地对二者作简要对接,且须主动运用所谓"两可"理论来"衔华"(被确立之"名")以"佩实"("名"所规定范围内的"实")。而后经由惠施"历物十事"范畴的提出就针对于"名"的同异性问题作专题探讨;尹文接续提出,"有形者必有名,有名者未必有形……故亦有名以检形,形以定名,名以定事,事以检名。"[①] 将"名"概念与"形或事"对谈,从关系角度考量,即"定而有检,检而方定",故有诸如"因名以失实""同名不同实"等范畴的构设与提出。而尹文将"形、事"代指"实",也无非均为所谓"同理各说"而已。值得注意的是,尹文是首先着重于对名称概念的分类问题加以

① 陈高傭.公孙龙子邓析子尹文子今解[M].北京:商务印书馆,2017:34.

查辨的。将所有"名"类分为三,即所谓"命物之名""毁誉之名"及"况谓之名"。通过对三方面的考察,来推动认识客观对象存在性质的过程进展。

公孙龙作为先秦名家代表,其名实理论对于建构"名,实"二者的抽象关系有着开创性意义。"夫名,实谓也。知此之非此也,知此之不在此也,则不谓也;知彼之非彼也,知彼之不在彼也,则不谓也。"①诸如此类论述,表明公孙龙对于名实的认识着力点在于借由"此、彼"模式(主客体)来加强体现名实的对象性。而其所谓"白马非马"等命题在除去重视工具化视角的纯粹逻辑诡辩外,其内部也均或明或暗地触及了名实二者的相互关系问题。

墨家同公孙龙子一样,多重"辩""类"(名物与实物)或"推"(名实范畴),但所异之处在于其对"名"的类属问题多有深入讨论。在《墨辩》中已自觉将"名"升华为一种逻辑范畴,提出"以名举实",并从认识论层面上将"名"概念纳入其中,提出"所以谓,名也。所谓,实也。名实耦,合也"②之说。同时,也将"名"进行所谓分类("达"类与"私"三类)来划归不同之"名"到其所属之"实"中。此外,还开列清单对名实关系问题进行了系统性纠错。所谓"狂举",则正是针对"错名而漏实"这一做法而设立的一种否定性范畴。

孔子讲"正名",故其之"名"是为"名教"。所谓"名不正则言不顺,言不顺则事不成。事不成则礼乐不兴。"③故孔子以降,多述"正名"。荀子继之,以儒家"正名"观强调其政治作用,讲到"王者之制名,名定而实辨……故析辞擅作名以乱正名,使民疑惑,人多辩讼,则谓之大奸……"④。其中的"正名"之利民处不必多言。而后,他又对"正名"加以理论化表述:"所为有名,与所缘以同异,与制名之枢要,不可不察也。"⑤这里稍谈荀子所谓"制名之枢要"的基本原则,即"同则同之,异则异之……不可乱也,犹使同实者莫不同名也。"⑥我们意图正确认识"名"就需要正确"制名",就要在于将"名"与"实"进行关系上的一一对应,即所谓"名实相副"。这样可使得"知者为之分别制名以指实,上

---

① 王琯.公孙龙子悬解[M].北京:中华书局,2014:95.
② 墨翟,谭戒甫.墨辩发微[M].北京:中华书局,1964:166.
③ 论语译注[M].杨伯峻,译注.北京:中华书局,2009:132.
④ 荀况.荀子校释(下)[M].王天海,校释.上海:上海古籍出版社,2005:882.
⑤ 荀况.荀子校释(下)[M].王天海,校释.上海:上海古籍出版社,2005:883.
⑥ 荀况.荀子校释(下)[M].王天海,校释.上海:上海古籍出版社,2005:891.

以明贵贱，下以辨同异。"① 而借由"明贵贱"思想的指导，使得他时刻注意到要摒除所谓乱"正名"之"三惑"（"用名以乱名者""用实以乱名者"及"用名以乱实者"），也表明其对于"正名"已设有具体途径。

韩非是法家的典型代表，其进一步深化荀子说，将"制名"用于王霸（治国）之上，指出"用一之道，以名为首。名正物定，名倚物徙"②；同时又要"循名实而定是非，因参验而审言辞。"③ 这种"参验"就是对名实双方的相互校验，而将这种准则运用于政治领域，就成就了一种"刑名"之术。而为了使这种"刑名"之术不败于诘难，他还提出了所谓的"矛盾之说"，以二难论的方式确保"刑名"的政治正确性（后文详述）。

《吕氏春秋》作为先秦杂家集大成之作，其立足点在于为秦国一统霸业的政治基础所服务，进而其内包揽了大量时下名家论说，且多采法家之所谓"刑名"义为其总纲。在名实关系上，也就《正名》篇中提出所谓"名正则治，名丧则乱。使名丧者，淫说也……凡乱者，刑名不当也。"④ 诚如是。

由秦入汉，思想上多有改易，以配合统治者与民休息之策。具体落实到名实关系问题上，则多为总结前人，但也多言政治礼教性质之名实，此点在《淮南鸿烈》中有诸多体现。提出"上操其名以责其实，臣守其业。以效其功，言不得过其实……"⑤ 这里的"名"即指为官之名，"实"则代为官之道。如温公颐先生论述，"'言不得过其实'，'名过其实者数'的思想更是直接来自韩非的'名不得过实，实不得延名'。"⑥

董仲舒作《春秋繁露》为汉武帝献呈"天人感应"之策并同时言明将"正名"概念神化而定尊。其于《深察名号》篇中谈到，"名生于真，非其真，弗以为名。"⑦ 这样就另造一独立于"名"之上的"真"，使"名"为"真"所产生、所决定。至于"真"为何，温公颐先生认为，"只是天意的代名词（'圣人所发天意'），而且只有'圣人'才能'发天意'去命名、真

---

① 荀况．荀子校释（下）[M]．王天海，校释．上海：上海古籍出版社，2005：891.
② 韩非．韩非子集解[M]．王先慎，集解．北京：中华书局，2013：48.
③ 韩非．韩非子集解[M]．王先慎，集解．北京：中华书局，2013：106.
④ 吕不韦．吕氏春秋集释[M]．许维遹，集释．梁运华，整理．北京：中华书局，2009：426.
⑤ 刘安．淮南鸿烈集解（下）[M]．刘文典，集解．冯逸、乔华，点校．北京：中华书局，2013：345.
⑥ 温公颐．中国逻辑史教程[M]．上海：上海人民出版社，1988：181.
⑦ 董仲舒，苏舆．春秋繁露义证[M]．钟哲，点校．北京：中华书局，2015：283.

物。"① 那何为圣人？自然是所谓"受命之君"，也就是天子，是君主。而这种"正名"实际上就沦为了统治者利用固有"名教"为皇权加冕的把戏了。董仲舒又进一步解释"正名"，即"治天下之端，在审辨大；辨大之端，在深察名号……是非之正，取之逆顺；逆顺之正，取之名号；名号之正，取之天地；天地为名号之大义也。"② 一句话，"是、非"之所以为"正"乃皆由"名号"定，皆自"受命之君"所出。

至汉崩分三国，由于魏武崇才弱质，"于是逻辑上的论名实与政治上的综核名实进一步转向了人伦品鉴方面，所谓名、实乃指人物得到的社会称誉或官位之名与其所具有的伦理道德品质之实，而所谓正名即要求这两者能够相符。"③ 遂有如刘劭作《人物志》讲"偏材之性，二至以上，则志质相发，而令名生矣"④ 等，诸如此类之作皆应从对人物价值的公允品评标准处进行解释，故均系"名是实的反映"，是"实之体现"，最终仍须回归到"实"上。由以上所论，我们就可以清晰看出，对于名实关系的探讨就已然呈现出了一种小规模的收束状态。嵇康在其《声无哀乐论》《养生论》等多篇辩难论文中都触及对名实问题的正面研讨当中，且多半是从主观角度统摄二者（"趣举一名，以为标识"），即"玄化"（在某种程度上进行模糊化处理），而这种情况就多隐藏于如《释私论》等文内所设立的各类范畴之中了。

二、从"名教自然之辨"范畴到纯粹名实关系问题

在嵇康视角观照下对"名教"同"自然"这一命题加以研讨，就不难发现其在很大程度上导源于《释私论》之中，即其内提出的所谓"越名教而任自然"抑或"越名任心"说法。那么何为"名教"？汤一介先生于《郭象与魏晋玄学》一书引《后汉书·孝献帝纪》之言作以概观："夫君臣父子，名教之本也……盖准天地之性，求之自然之理，拟议以制其名，因循以弘其教。"⑤ 由此可清晰得见，所谓"名教"，即为儒家框定社会及人伦所使用推行的一套准则法度。嵇康所针对的"名教"从客观上来看，

① 温公颐.中国逻辑史教程[M].上海：上海人民出版社，1988：188.
② 董仲舒，苏舆.春秋繁露义证[M].钟哲，点校.北京：中华书局，2015：277—278.
③ 温公颐.中国逻辑史教程[M].上海：上海人民出版社，1988：216.
④ 刘劭.人物志[M].刘昞，注.杨新平、张锴生，注译.郑州：中州古籍出版社，2018：155.
⑤ 汤一介.郭象与魏晋玄学[M].北京：中国人民大学出版社，2016：136.

是对应着儒家仪礼纲常的；而从主观上来看却并非这么简单，而恐其已然回归至名家论"名"（依旧是范畴意义）的"辨"上来了。当然，魏晋时期名士间已普遍将"名教"同"自然"作为一组对立概念来研判辨析。此可多散见于魏晋名士之各家论谈之中。

而对于"自然"概念，魏晋多半继承了《老子》"道法自然"的理念，在认识论范畴内更加有针对性地强调其本体意义。如夏侯玄更是直接讲出所谓"自然者，道也"一言，即明确"自然"就是万事万物之基。而据汤一介先生考证，魏晋时"自然"当为一义多解。"自然"可谓"天然"之"自然""偶然"（钟会《老子注》："莫知所出，故曰自然"）之"自然"以及"必然"（郭象《庄子注》："命之所有者，非为也，皆自然"）之"自然"等。且关于"自然"之解，汤用彤先生亦有解析，概多系将此三类表述为所谓"混沌、自性以及和谐"三方面。但无论作出多少解读种类，终究都不约而同地指向着"自然"本身所内蕴的本体观性质。

汤用彤先生就对"自然"问题的理解在其《魏晋玄学论稿》的《言意之辨》一章曾谈到，"放达之士，其精神近庄子，嵇、阮开其端，至西晋而达极盛。讲《老》《易》者如王、何，较严正，以名教合自然。讲庄子者较浪漫，反名教。"[1] 汤一介先生又进一步作了引申："嵇康认为，'名教'虽应当反映（表现）'自然'，而并不必然反映'自然'，甚至会背弃'自然'。"[2] 看来嵇康所认为的"自然"是会同"名教"产生根本冲突的，但其间究竟如何过渡并最终达成双方的某种妥协（由理念方升至概念方的平衡），这是需要详加说明的。嵇康用浪漫的甚至是审美的眼光试图从范畴角度辩说二者，诚然也是出自对其倾曹氏而拒司马的政治立场所必要作出的现实让步，但更显著的是，由于受到老庄的影响，嵇康思想中本就保有同王、何等人严密体系论调的相异之处的（但这种"异"只是表述方式的问题），即虽是崇尚着"自然"，却是以一种近乎艺术化的浪漫主义视角来分辨"名教"同"自然"范畴之间的内部差异性。而回落到名实关系中，这当然是一件包裹嵇康本人名实关系思想的装饰，但不得不说，由于携带着这样的思考模式来自觉观照二者背后的名实问题本身，就必然会使嵇康思想具有更为鲜明的玄学价值，进而生发出高度的美学内涵。

① 汤用彤.魏晋玄学论稿·增订版[M].上海：上海人民出版社，2015：147.
② 汤一介.郭象与魏晋玄学[M].北京：中国人民大学出版社，2016：138.

　　宗白华先生在其《论〈世说新语〉和晋人的美》一文中表达，"魏晋人则倾向简约玄澹，超然绝俗的哲学的美……我说魏晋时代人的精神是最哲学的，因为是最解放的最自由的。"①宗白华先生开宗明义，直截了当地将魏晋时人思想的哲学性同审美性相勾连，将其抽象思想背后的美感（美学性）发掘出来，从而也揭示了以嵇康等名士为代表的魏晋时人所倡导的数项哲学范畴背后的"美意识"②。

　　李泽厚先生对于所谓"魏晋风流"的解读显然是注重了审美性的，甚至于植根于这种所谓"美意识"之中，他在《华夏美学》一书中多次就庄子玄风之于魏晋思潮的深刻影响来探讨"魏晋式"的"美意识"。"从现实社会讲，以《人物志》为代表的审美性品藻，标记着理想人格的具象化……魏晋整个意识形态具有的'智慧兼深情'的根本特征，即以此故。深情的感伤结合智慧的哲学，直接展现为美学风格，所谓'魏晋风流'，此之谓也。"③而李泽厚先生所意图阐述的"人的自然化"理念也与其对魏晋士人自觉的审美心态的理解有着内在的关联。这种"以情为核心"的魏晋人物的审美心态也在反复作用于对待"名教"同"自然"的看法之上。李泽厚先生认为魏晋时期这种"自然"命题的产生与发展实际上是始终伴随着"士人化"的，即他们不断从主体出发来观照"自然"，虚化"自然"最终来达成"人化自然"。这自然是魏晋时代的思想必然，但落实到对"名教"的认识上，这群士人就显得不免"力不从心"，显得"伤逝"（《世说新语·伤逝》多次记载到诸如"王戎丧子"等情节）了。至于对"名教"的"美意识"也就只能"悲"其不美了。

　　而具体到嵇康本人思想中的审美性上，罗宗强先生在其所著《玄学与魏晋士人心态》中更是鲜明指出："嵇康的意义就在于他把庄子的理想的人生境界人间化了，把它从纯哲学的境界，变为一种实有的境界，把它从道的境界，变成诗的境界。"④这样一来，嵇康的美学家气质就算是完全寄托在了其哲学家的"究元"（此"究元"义即按梁漱溟先生语）本能之中，且也同时渗透进了其所论辩的如"名教"与"自然"命题背后的名实关系之中了。而嵇康所论尽管隐晦深潜，却均可于其内发现它

---

①　宗白华.宗白华全集[M].林同华,主编.合肥：安徽教育出版社,2012：274.

②　对于"美意识"的理解,李泽厚《华夏美学·儒道互补》一章中认为其也是一种"人的自然化"表现,是"是以神遇而不以目视"的颇具庄子哲学之"无意识"所在。

③　李泽厚.华夏美学[M].上海：三联书店,2008：139.

④　罗宗强.玄学与魏晋士人心态[M].天津：天津教育出版社,2006：85.

们所共同具备的某种审美特征,这也是嵇康思想所异于魏晋时人抽象探玄之外的表现。诚如其自己在《与山巨源绝交书》中所点明的,"游山泽,观鱼鸟,心甚乐之;一行作吏,此事便废,安能舍其所乐,而从其所惧哉?"① 字里行间如含纳吐珠,流露出一种对于"自然"人生美感的趋近心态。

以上,无论从哪一方面、哪一层次,都在盘互交错地映衬着嵇康作为魏晋时人、竹林名士、玄理论家的典型特征。其思想深处无不穿插着对于"名教"的排斥和对于"自然"的亲近,并且嵇康所论也多从各种角度或深或浅,或直或曲地对其进行了探讨。具体到对于本书所钻研的《释私论》一文,嵇康则主要借由其在文中所设立的数组抽象性范畴,对"越名教而任自然"这一总命题展开多维度的厘析。本书通过探究,尝试从中抽离出数组典型的抽象性哲学范畴,并以此为依托,对"名教"与"自然"表层基本观念作对比分析。同时,通过论究"名"与"实"二者关系的实质,来达到深化嵇康《释私论》文本的内在哲学(美学)价值的写作意图。

实际上,通过对中国文化史中魏晋时期自觉的文化诉求与实际的作品表现的认识,我们渐次形成了关于其整体形象的构想;同时,在相关的学术研究中,也开始逐步明确了一种由模糊逐步廓清(先感性而后理性)的理解框架。这种之于中国哲学史所特存的文化状态使得我们对其的总体认识呈现某种倾向性,流于泛化,陷于程式,从而将对"魏晋式"的既定思考混同于对嵇康研究的既有模式当中,这样难以做到在思维的延展中来认识嵇康,而具体落实到本书所关注的嵇康及其所著《释私论》一文的研究之上犹如是。具体针对该文,则必应适其"文络",彰而显之。所谓《释私论》一文中的"文络"则为全文所反复论辩的概念范畴之间的相互关系问题,如"公、私""是、非""措、无措""善、不善"等。这些诚然是受到了时下正始玄学王弼等人的"贵无贱有""辨名析理"式思辨的深刻影响,但作为当时"竹林玄学"肇始者的嵇康,也必然承前而启后。既在"竹林玄学"思想内部保持基本一致性,又在嵇康个人具体思想中树立个人化倾向,开始由老入庄,甚至涉佛。具体且看竹林后期的元康及东晋玄学的发展态势,则一览无遗。当然,嵇康之所以成为嵇康,是有其深刻的时代背景和现实原因的。

---

① 嵇康.嵇康集校注(上册)[M].戴明扬,校注.北京:中华书局,2016:198.

陈寅恪先生在其《魏晋南北朝史讲演录》中对于嵇康所处魏晋时期的以"清议"为代表的思潮现象有过系统考证。东汉后期，由于政治腐败与权力角逐，宦官势力最终主导了外戚与地方政治，并挟以制造出两次所谓"党锢之祸"。至于时下朝廷，则多采取察举，征辟等制度选拔用人并多涉及所谓"清议"。先因有"清议"，名教作为一种直接评判项，才长期被东汉时下士人予以高度关注。

王仲荦先生在其《魏晋南北朝史》一书中具体有谈到，"党锢之祸，很多人'破族屠身'，在这种政治低潮下，一部分名士渐渐缄默下来了，过去的一种'危言核论'，'上议执政，下讥卿士'的风气，不得不有了变化。"① 故在诸如郭泰等"一代人伦"的陨落后，继而代之的则是曹操所实行的所谓"唯才是举"法，即才干胜过既往一切。这自然是特殊时期的强权举措，"所以曹操征求人才时也是这样说，不忠不孝不要紧，只要有才便可以。这又是别人所不敢说的。"② 但对于当下也的确起到了遏制各方雄踞局势以聚拢中央的作用，进而也使"魏晋之际，天下多故，名士少有全者"，甚至如阮籍之流也"每与之言，言及玄远，而未尝评论时事，臧否人物，可谓至慎乎？"故阮嗣宗可得善终。

而相较之，鲁迅先生在其《魏晋风度及文章与药及酒之关系》一文中即作出相应评断："后来阮籍竟做到'口不臧否人物'的地步，嵇康却全不改变。结果阮得终其天年，而嵇竟丧于司马氏之手，与孔融何晏等一样，遭了不幸的杀害。这大概是因为吃药和吃酒之分的缘故：吃药可以成仙，仙是可以骄视俗人的；饮酒不会成仙，所以敷衍了事。"③ 嵇康对于曹氏之唯才弃质以及司马氏"名教"（实质上是一种伪"名教"）的大肆倡导（不过是一种政治手段）均不予苟同，甚至之后演变为一种坚决的抵制。这样一来的后果也就着实造就了他不能全其性命的人格悲剧。而于此现实背景的制约下，转至所谓"清谈"，就显得顺理成章了许多。"清谈的兴起，大抵由于东汉末年党锢诸名士遭到政治暴力的摧残与压迫，一变其具体评议朝廷人物任用的当否，即所谓清议，而为抽象玄理的讨论。"④ 也正因此，此消彼长，带有"自然无为"的老庄式行为便成为

---

① 王仲荦.魏晋南北朝史[M].上海：上海古籍出版社,2014:346.
② 鲁迅.鲁迅杂文·而已集[M].北京：作家出版社,2016:305.
③ 鲁迅.鲁迅杂文·而已集[M].北京：作家出版社,2016:312.
④ 魏晋时期如何由"清议"转为"清谈"的发展过程详见陈寅恪.魏晋南北朝史讲演录·清谈误国[M].万绳楠,整理.贵阳：贵州人民出版社,2017:39-55.

名士所倾赴的"彼岸"。故有"迄至正始，务欲守文，何晏之徒，始盛玄论，于是聃，周当路，与尼父争涂矣。"① 但嵇康所处的时代背景即为司马氏的掌权期，而司马氏本身作为世族经济的集团代表从一开始就主导着统治阶层进行社会统治的决议，把控着士子出仕及选拔官宦的上升标准。

对此，汤一介先生在其《郭象与魏晋玄学》的《〈世说新语〉中的"七贤风度"》一文中有过研究与阐述：在嵇康等名士眼中，最不能容忍的就在于，"……集团势力一开始就十分腐败，当时就有人说这个集团极为凶残、险毒、奢侈、荒淫，说他们所影响的风气'侈汰之乱，甚于天灾'，可是他们却以崇尚'名教'相标榜。在嵇康，阮籍看来，当时的社会中'名教'已成为诛杀异己，追名逐利的工具，成了'天下残贼、乱危、死亡之术'。那些所谓崇尚名教的士人'外易其貌，内隐其情，怀欲以求多，诈伪以要名'。"②

这样就在清谈玄理之际，作为竹林名士亦或是士子太学代表的嵇康，无论是从个人思想追求亦或是从社会伦理道义角度出发，自然都是要发声的了。只是碍于形势所迫，也不得不作出某种妥协，将其对于司马氏"伪名教"同客观实际之间的审视与批判隐藏在了对于诸如"名教""自然"等纯抽象性概念的探讨和论述之中，并演变成了对于"名教、自然"背后所蕴含的（自先秦以降至正始时所依然不断被阐发的）有关名实自身抽象概念性之间的内在关系的理论思辨。

① 刘勰. 文心雕龙译注 [M]. 陆侃如、牟世金，译注. 济南：齐鲁书社，1981：229.
② 汤一介. 郭象与魏晋玄学 [M]. 北京：中国人民大学出版社，2016：400.

第二章

《释私论》相关范畴的 "名、实" 盘互特征

第一节 "不存、不系"的内在盘互关系

嵇康《释私论》于一开篇就将"不存、不系"概念作为践行君子形象的实际行事标准予以提出,实质上便是要于"不存、不系"的层面上俯视其下的诸多"内容",即其从理论高度上实际被赋予了嵇康在《释私论》当中所要渗透的一种总的思维模式,从而确立一种所谓不违于每个"特殊"个体的"普遍性"的存在依据。作为"无法更改"的客观世界背景的相对立,嵇康自一开始便带有极其鲜明的超然化的理想观去统摄其所设立的诸多抽象概念,从而营造出一种极具"宏观"性的主体世界。而其中"不存、不系"观念的被表述,则对其暗含着的内在名实关系来说,也确实构成了一种宏观视角:"夫气静神虚者,心不存乎矜尚;体亮心达者,情不系于所欲。"[①] 作为"不存、不系"的抽象概念的具象性依托,嵇康在推导"不存、不系"的实践问题上又连带进行了对"名教""自然"的关系辨析,即"矜尚不存乎心,故能越名教而任自然;情不系于所欲,故能审贵贱而通物情。物情顺通,故大道无违;越名任心,故是非无措也。"

这里嵇康之所谓"心"自然同禅宗所谓"真心",理家所谓"心体"有异,而经由文本细读可以得知,则是表达"自然"状态的一种别称。且若说是承袭,也是承庄周之所谓"心斋"之袭,即是一种个体心、状态心,甚至是境界心了。而值得注意的是,"不存"实际是对应"心"的,意在指一种对于精神层面的认知,并强调"无措"(也可理解为道家之"弃"或佛家之"破执");而"不系"则是对应"情"的,表现为一种行为意义,具有某种表征性,强调"顺通",处事张弛,自由不泥。此二者是不一的,不能简单地归结为一组近似概念,甚至是并列同类项。而对于它们的设立,嵇康是显然意识到了需要从两方面来统筹究竟如何实现宏观上的理论建构的。而在此之前,我们有必要先行再对魏晋时下"自然"命题加

---

① 嵇康.嵇康集校注(上册)[M].戴明扬,校注.北京:中华书局,2016:402.

以探讨。

王弼《老子注》有言,"道不违自然,乃得其性。法自然者,在方而法方,在圆而法圆,于自然无所违也。"① 这就说明了作为开魏晋玄谈之先的王弼眼中,"自然"作为道的根本性质,其存在目的就在于审度方圆、规正法度。这是"道"赐予"自然"的先天功用。当然这种"自然"的本体意义的升格,从根本上也是同其所谓"贵无"与"崇本"思想保持高度一致且逐步铺陈开来的。而由王弼"崇本息末"思想顺流而下,其时或之后的诸多正始与竹林名士们也护持"自然"的"定标"意义,并以此来对抗他们谓之流毒的"名教"。只不过为了塑造"自然"以作为"名教"社会功用的对立项,"自然"概念也需要承载以及被赋予作为另一种评定万物的"客观"标准存在,其是世间事物得以生存演化的根本原因。这样一来,具体应用于魏晋时期的"自然"范畴,就被标示出了其先天的区别属性。

嵇康《太师箴》道:"凭尊恃势,不友不师,宰割天下,以奉其私,故君位益侈,臣路生心……刑本惩暴,今以胁贤。昔为天下,今为一身。下疾其上,君猜其臣。丧乱弘多,国乃陨颠。"② 可以看出,嵇康对于时下"名教"流弊的鄙夷之情。嵇康始终认为,社会本应向稳定有序的"自然"状态运行流动,即便有所"定标"也是"自然"之所定,决不容受到所谓"名教"的干预甚至钳制(甚至当时的政治集团是利用"名教",使其作为一种统治驯鞭加以私用,且主观刻意地致使其同"自然"区别,构成矛盾)。而随后的政治高压扰乱了"自然"本状,破坏了"自然"的最终形成,所以也应予以抵抗和清除。这种实际上的伪"名教",已用"名教"贬损了人与人之间的"自然"和谐关系。在哲学思想上,始有"贱有"出现,便有"贵无"作为相对;"非汤武而薄周孔",则出现"老子、庄周吾师"等论调作为响应等。而顺承这种思想趋势,在同上层的对话协调之中,则必然会孕育出嵇康之所谓的"越名教而任自然"这种"不全之全策"了。

而回归到"不存、不系"的问题当中,则我们由此而对于嵇康所设立的"不存、不系"一组范畴的理解也许是双向的、两面的了。而由前文本书所论,此二者自始便内置了一种体用关系上("心"之精神层面为

---

① 老子道德经校释 [M].王弼,注.楼宇烈,校释.北京:中华书局,2008:64.
② 嵇康.嵇康集校注(下册)[M].戴明扬,校注.北京:中华书局,2016:534.

"体"，"情"之行为作用为"用"）的内在逻辑感，此点后文亦会详析。而我们知道，嵇康实际是与正始玄学代表王弼、何晏等人共时的，只不过王弼早亡，嵇康一直生活到了司马氏掌权后期。但竹林玄学作为正始的顺承延续，嵇康等人是不可能不受到当时由王弼等人主导下的整体思想影响的。也就是说，注重王弼之所谓"体用如一"的关系问题（嵇康的方向正是王弼思想的直接发展：到了嵇康，使得略有推进和转易，而后才出现郭象、裴頠等"崇有"之论）。对于"体用"关系，实际上同本书所专究之名实关系一道，其背后的内在逻辑机理大同小异。可以说，都是从多种角度对于本体与现象进行多维论说。这里虽展示"体用"，却直指名实。关于这一点，或许可以由王弼"大衍义"作解最为明了。

　　韩康伯作王弼《周易·系辞传》注，"王弼曰：演天地之数，所赖者五十也。其用四十有九，则其一不用也。不用而用以之通，非数而数以之成，斯易之太极也。"[①]那么何为"大衍义"？《周易·系辞传》讲"大衍之数五十，其用四十有九"，而"其不用"则为"一"。这里固然涉及中国哲学"一"与"多"的辩证问题，而在这里本书则主要用以说明"体用"二者的关系实谓如何。所谓"衍"即"演"，"大衍之数"就是天地演化之极数，而对存在"极数"（四十有九）就会必然相应存在所谓基数或"本数"（一）。这大衍之义就在于如何正确认识"极数"与"本数"之间的关系：即有所"用"与有所"不用"。有"用"的是"四十有九"，这是现象界，是作为现实客观需要为现实人所"系"的（而所谓"君子"则能"不系"）；有"不用"的是"一"，这是本体，是万事万物得以生存的根由，需要借助"四十有九"来达成数"五十"，方得以构筑天地。因"借助"，才可"通"（嵇康之"顺物通情"）。由此观之，正是由于王弼以"崇本息末"为根据，故而对于体用关系的认知就是"执一统众"的，就是"守母以存其子"的。而至于这种"通"，则更多的是一种"体"的外化展示，是"体"得以"存"的充分条件，但绝非决定性限制，从而就为此"一"之"体"保留了一种"崇高"，并使其具备着无可争辩的"上帝视角"。当然，王弼所解的"体"之"不用"也正是嵇康的"不存"（或"无措"）要义。从"体"角度看，只有"不用"才能成"太极"；进阶到嵇康之"心"（或"自然"）上，则亦需要"越"与"任"等"不存"式行动方能实现。这也直接回答了嵇康将"不存"匹配到心处，以彰显所谓"心"（"体"）须"不存"（"越名"）；把"不

---

① 周易注 [M].王弼，注.楼宇烈，校释.北京：中华书局，2011：352.

系"拼接到"情"处,以直陈所谓"物"("用")须"不系"("通")。这样,就从体用关系角度借由王弼"大衍义"说明了嵇康之"不存"与"不系"概念的内在分别。

前面是就二者各自的分别义来探讨在分别角度下如何理解嵇康之"不存"与"不系",而至于这种"不存、不系"概念本身的提出,其背后也是具有深层的名实关系内蕴的。要说明此点就必须再将二者还原聚合至一点,即所谓嵇康之"自然"。从整体"自然"观的观照下,"不存"也好,"不系"也罢,都是"自然"这个大本体的各个不同小面,不同小现象,其最终目的都是回归到实现"任自然"上("任心"就是"任自然","顺物"更是,此点汤用彤先生在《魏晋玄学论稿》谈及"自然"问题时多有详述,此处本书不赘引)。即便为了成就"君子"也必须先成为"自然";为了"越名"也必先明"实"。关于这点还得由嵇康自己来回答。

嵇康于《声无哀乐论》中借东野主人答客难声之哀乐问题之时作以说明:秦客难道,"心戚者则形为之动,情悲者则声为之哀。此自然相应,不可得逃,唯神明者能精之耳……苟哀乐由声,更为有实,何得名实俱去?"而主人便答道,"夫五色有好丑,五声有善恶,此物之自然也。至于爱与不爱,人情之变,统物之理,唯止于此……酒以甘苦为主,而醉者以喜怒为用。其见欢戚为声发,而谓声有哀乐,犹不可见喜怒为酒使,而谓酒有喜怒之理也。"[①]

这里嵇康借助主人之口回答了有关"实"之"声"同"名"之"哀乐"之间的"存系"情况的问题,即声音只是借助哀乐情绪来显现其"实有"的。无论是对于"心""情"还是"气静神虚者""体亮心达者",都是"更为有实"的。从酒的角度看,其"实"本就甘苦;从醉者角度说,其"实"亦是"喜怒"。只是对于二者我们应该何以为"主",何以为"用";何以"使",何为"理"的问题了。挪至"存系"的对象而言("矜尚"或"所欲"等),自是一种"名",当然这种"名"是一种不可视的"实",譬如"哀乐"之于"声"一样。我们需要做的就是怎样去"不存、不系"于这种不可视之"实"而跳脱以达成一种自在之"实"("自然"),这即是对于"实"概念的深化、意义化、"自然"化的必然要求。而对于"不存"与"不系"本身,就已经演变成了如何达成这种"自在"之"实"("自然")的必由途径了。

---

① 嵇康.嵇康集校注(下册)[M].戴明扬,校注.北京:中华书局,2016:347—349.

正如其所断言，"夫推类辨物，当先求之自然之理。"① 这个"理"正是"实"的意思，若"理"（"实"）不定，则"以水济水，孰异之哉"。②

不是必须以"自然"的视角才能得出重"实"的结论，在嵇康那里，这种重"实"态度是有着前后经由且发展变化着的，并非是先期根本性地否定"名"背后所代表的各种事物，而是通过一系列的思想辩驳以致对于名实关系加以某种内在调和：这是一种过程态，目的是最终能过渡到"不得不"或"如此则必然应该"重"实"的概念效果（此点本书后续有详述）。而对于这种产生的概念效果，前面提到了如在"自然"整体概念的统摄下将使得"实"在与"名"的对照关系里难以做到完全独立（当然本身也是不独立的）：它其中必然会渗透着"名"的痕迹，以致其成为一种或主观或非主观的"实"。这样，对于"存系"行为的对象"名"来说，"实"就会自然（已近乎于）跳脱出"不存、不系"的对象范畴而成为其本身的一种意义了。也就是说，"实"概念作为"名"的别义，在某种程度上就可以等同于"不存、不系"自身概念的原始含义了。

又《声无哀乐论》道，"夫味以甘苦为称，今以甲贤而心爱，以乙愚而情憎。则爱憎宜属我，而贤愚宜属彼也……所喜则谓之喜味，所怒则谓之怒味哉？由此言之，则外内殊用，彼我异名。声音自当以善恶为主，则无关于哀乐。哀乐自当以情感而后发，则无系于声音。名实俱去，则尽然可见矣……今麤明其一端，亦可思过半矣。"③ 这种"善恶"可以理解为是一种非主观性"实"的体现，此必当为"主"，便也无关于（即所谓"不存、不系"）"哀乐"了。而"哀乐"概念作为声音"不存、不系"的非主观性之"实"，也就必然要"以情感而后发"；为了不使"名实俱去"，这种"实"概念就是"麤明一端"的结果，是经由"情"而后生发了的。这样一来，"实"在行为义上就演化成"不存、不系"本身了。而"实"的内涵以及作为与"名"的对照关系也都在借由嵇康之"不存、不系"概念的加持而得以丰满。若在名实关系角度下探究"不存、不系"作为一组抽象概念的概念义本身，如继之以玄学处理，则恐终不见其堂奥。这样我们还需另辟一路，通过引入佛理来尝试进一步剖析"不存、不系"的"自然"义方面。

---

① 嵇康.嵇康集校注（下册）[M].戴明扬,校注.北京：中华书局,2016：349.
② 嵇康.嵇康集校注（下册）[M].戴明扬,校注.北京：中华书局,2016：350.
③ 嵇康.嵇康集校注（下册）[M].戴明扬,校注.北京：中华书局,2016：347.

第二节 "不存、不系"的名实表现形式

一、"无"的体用

稽康《释私论》中具庄老之风气的"不存、不系"观念的提出,是有着深刻的玄学背景的。关于这一点,汤用彤先生在《魏晋玄学流别略论》中似作出讨论:"溯自扬子云以后,汉代学士文人即间尝企慕玄远……'逍遥一世之上,睥睨天地之间。不受当世之责,永保性命之期。'(仲长统《昌言》)而重玄之门,老子所游。谈玄者必上尊老子……魏晋黜天道而究本体,以寡御众,而归于玄极……于是脱离汉代宇宙之论而流连于存存本本之真。"[1]

上述简明了稽康所处时代之玄风玄义,且始自王弼、何晏等正始玄学之心波,魏晋士人则无一不进入对于"有无"("本末")二者相互关系问题的探讨之中。这也直接标示了稽康《释私论》中核心围绕之"是、非,公、私"等关系式命题的立论根源。而细观其论则不难发现稽康之所谓"不存、不系"正是对"无"的形而上义理(弃汉代之所谓"人副天数"而以宇宙之"无"来标定本体之"无")的最佳注疏。这也是稽康本能地对正始玄学之核心命题("贵无")的沿袭,并加以发挥自己"同趣"之见解。推至时下魏晋玄学初期(正始及竹林时期)的大背景,则可观这一"无"义颇为"风尚"。

如汤用彤先生所言:"及至魏晋乃常能弃物理之寻求,进而为本体之体会。舍物象,超时空,而研究天地万物之真际。以万有为末,以虚无为本。夫虚无者,非物也。非无形之元气,在太始之时,而莫之与先也……魏晋贵谈有无之玄致……后者建言大道之玄远无朕,而不执着于实物,凡阴阳五行以及象数之谈,遂均废置不用。因乃进于纯玄学之讨论。"[2] 此一段已将魏晋初期"贵无"之状加以描摹,从而表露出其间士

---

[1] 汤用彤.魏晋玄学论稿·增订版[M].上海:上海人民出版社,2015:39.
[2] 汤用彤.魏晋玄学论稿·增订版[M].上海:上海人民出版社,2015:40.

人对于"无"义的"纯玄学"式研讨之风靡，以致"在玄言玄"已然不足以彰显士人其心，进而便急迫地招引佛义来参。"但道家老庄与佛家般若均为汉晋间谈玄者之依据。其中心问题，在辨本末有无之理。"玄学对于"无"概念的阐释则承袭老子之"无"义而衍之，将此宇宙"无"作为本体"无"加以深入其本体意义（即一种静态义而玄学追论此"无"之静态义似于佛学之"空"）。现寥举魏晋（尤王弼）之所谓"无"义详解。

王弼注《周易注·复卦》："语息则默，默非对语者也。然则天地虽大，富有万物……寂然本无，是其本矣。"① 而此"无"亦非"有、无"对应之"无"，实则是一种作为万物所最终依附的"无"本体，其具道之全，其显物之动，其化不变。《老子·三十九章》王弼注："物皆得此一以成。既成，而舍以居成。居成，则失其母。"② 由此可见，"无"是有"成"义的，是需"居成"的，而所谓"居成"即意在繁衍：

母（本）→子（本之所出）

其间便构成了一种衍义。以"无"为本（体），"有"为末，"有出于无"，且不可离此"无"而自现。傥否，则如同"失其本，丧其母，永堕于有为之域，宥于有穷之量。"（引汤氏言）而对于所谓受造物们而言，具体把握"无"的本体性则成为亟待解决之事。至此"无"便自然由"体"处走向了"用"处，故有"反本"。

《老子·三十八章》及《周易·复卦》王弼注中提到："故反本者，即以无为体。以无为体，则能以无为用。以无为用，则无穷而无不载矣。"③ 王弼注不仅看到了"无"作为概念的本体性，亦从中看到了"无"具备现实的行为义，即"无"可为我得。具体的"无"之用法，就是"反本"，就是"抱一"（关于这种"抱一"问题，本书后文有详述）。以"无"为中，"反本"为用，即汤氏道："故人必法天法道，冲而用之。冲而用之，乃本体全体之用。"④ 这不得不说，已在某种程度上将一种本体论认识加以人生观、实用化了。此一关系极似佛家"六家七宗"之"本无宗"所立言（关于"本无宗"之所作为，具体可参看汤用彤之《隋唐佛教论稿》，此处便不做展开）。当然，"无"从道家（或玄学）的视角理解是指向其根本义的（虽然道家于提法上虚指了这种"无"），"无"之本与"有"之末也构成了

---

① 周易注 [M].王弼，注.楼宇烈，校释.北京：中华书局，2011：132.
② 老子道德经校释 [M].王弼，注.楼宇烈，校释.北京：中华书局，2008：106.
③ 老子道德经校释 [M].王弼，注.楼宇烈，校释.北京：中华书局，2008：94—95.
④ 汤用彤.魏晋玄学论稿·增订版 [M].上海：上海人民出版社，2015：34.

一组相对稳定的"本与本之所出"的关系。而具体到认识"无"的过程上，又由"体"下渗至"用"，进而构成了一组类关系（侧重认识论层面）。但对于"无"，我们不能就"无"谈"无"，借"无"解"无"，这样就总会滞于某种既定的话语系统之中，终归难以丰富和升华其背后"体用"义理中所包含着的多重信息，犹如画地为牢。而观《释私论》中所表之"不存、不系"亦多指所谓对深层的"物我"关系的脱离与超越，那么究竟如何将此"体用"关系溯至其"出世间"意义上的"物我关系"，则又须借引佛家之"造色"之说来解析最可。

二、"物我"与"造色"

《楞伽阿跋多罗宝经》卷二云："复次大慧，菩萨摩诃萨当善四大造色……于彼四大不生，作如是观察。观察已，觉名相妄想分齐，自心现分齐……谓三界观彼四大造色性离，四句通净，离我我所……"[①] 是以可知大种造色相之根源便在一种"离"："离色性""离我所""离妄想"及"离分齐"，但同时又确有观察状，觉心现，通净貌。乃便不疑有他，诚为我所言、所想、所齐及所觉。寓"名"（泛物之外相）于我处，即"造出色"；我之"色受造"，即"离"我归自（可谓其物性亦可谓其性空）：无可属亦无可附。诚为嵇康之所言"不存、不系"："夫气静神虚者，心不存于矜尚；体亮心达者，情不系于所欲。"后又言："矜尚不存乎心，故能越名教而任自然；情不系于所欲，故能审贵贱而通物情。"[②]

这里固然有特指所谓以"君子"开论，但不可否认的是这种对于"心"与"欲"的"不存、不系"实则正是一种"离"（于逻辑义上近同于公孙龙之"离坚白"之"离"义，详参谭戒甫《公孙龙子形名发微》，后文亦有述）或"坐忘"，或是"超"与"越"（庄子所谓"挟泰山以超北海"之"超"）。而嵇康这种所谓"不存、不系"的"离"义则在《楞伽经》其后被表示为一种"断"义，即"断截色妄想大种，生内外地界。"[③] 实叉难陀以"断截色"作"色分段"意在凸显"色"之"断"义，即"物有分地，分我分

---

① 楞伽经集注 [M]. 释正受，集注．释普明，点校．上海：上海古籍出版社，2016：153.

② 嵇康．嵇康集校注（下册）[M]. 戴明扬，校注．北京：中华书局，2016：402.

③ 楞伽经集注 [M]. 释正受，集注．释普明，点校．上海：上海古籍出版社，2016：154.

欲。我欲本不殊,均自物界起"。后又云:"色及虚空俱,计着邪谛,五阴集聚四大造色生。"① 此处所言"俱"颇有郭象注庄《齐物论》之所谓"俱出而俱没"之义。色与虚空,自同缘出亦于同归灭,以全《维摩》之所谓"物我不二"。"大慧,地等四大及造色等有四大缘,非彼四大缘。"② 而"物我"的和合关系也正是四大造色的发愿始,是因缘离于世间法("非彼四大缘")且化于世间的妙有所得。心欲的实存在无法得破之前还是和合因缘的,还是有形相的,即未入空境。"……大慧,性形相处所作方便和合生,非无形。是故四大造色相,外道妄想,非我。"③ 因有大缘,虽妄想亦自生转念。故可脱离性形而非心非欲,以方便作"心欲自现",作"和合化生"。

而对于"物我"关系的"色"义评断,章太炎之"种瓜"说亦有佳述。"且种瓜得瓜,而撞钟不能得钟,唯得钟声,此则等流异熟果本不同。然种瓜唯是得瓜,虽以茜草虾蚕蓝等种种汁色,染入瓜子,能令瓜色有异,而不能令成非瓜故,即生起因可说为同类因。"④ 同类因生同种"色",色义无染;若瓜色不可得乃出自瓜因,则该色必不是所造之"色",而流于虚,不可入空。这便是"不存、不系"既受心欲所生,又缚脱于心欲之二的"离"与"和合"义之所处。而后章氏又述《大毗婆沙论》论"梦"亦为绝佳旁注:"所以者何?梦似颠倒,佛于一切颠倒习气皆已断尽,故无有梦。如觉时心心所法无颠倒转,睡时亦尔。"⑤ 同庄周梦蝶对勘,可知一为堕梦,一为出梦。堕梦者必有所"存系",出梦者即无所谓梦,无所谓存系。而梦有"色性","梦色会我","色之梦"为"物","我梦之色"为"我",故"物我"寂于"色";"色梦无物",又"我色之梦无我",故"物我""越"色。

其实,无论玄家之所谓"无"抑或佛家之所谓"造色"都是为从多重视角运用多重范畴,并在多维领域之中对名实关系下的"不存、不系"概

---

① 楞伽经集注 [M].释正受,集注.释普明,点校.上海:上海古籍出版社,2016:155.
② 楞伽经集注 [M].释正受,集注.释普明,点校.上海:上海古籍出版社,2016:155.
③ 楞伽经集注 [M].释正受,集注.释普明,点校.上海:上海古籍出版社,2016:155.
④ 章太炎.章太炎全集:卷3[M].王仲荦、朱季海,校点.上海:上海人民出版社,2014:60,62.
⑤ 章太炎.章太炎全集:卷3[M].王仲荦、朱季海,校点.上海:上海人民出版社,2014:64.

念予以厘析,只是由于不同的出发点而导致得出不同的结论点。以上虽不免稍有殊异,但却均不约而同地一再指向着对嵇康所设立的"不存、不系"概念本身的判断论问题。当然,对于嵇康如何为概念本身作出其判断的问题,除去"不存、不系"之外("不存、不系"概念本身的宏观性质对于讨论概念本身的内在定义即判断论问题,仍稍显不足),关于此点在《释私论》内含的另一组概念"公""私"之中又有细致体现。

第三节　嵇康名实观念的"色空"含义问题

若就名实关系的问题上进一步别立一意、深开其理,就必然会涉及嵇康所处的正始与竹林玄学背景下所谓"般若色空观"对于其"越名任心"根本思想的潜在影响。本书认为,就"色空"作为一种解释客观世界的概念而言,其是具备内在的名实性的,即"色"作为外相化成,其具有某种实存化的意义表征,而这点则恰好可用以探明"实";而空作为虚指幻灭,凌驾于现实物基础之上而无处不有,本质上也具有着"名"的属性依托,亦可用以深明"名"。这样从理论上我们可以讲,"色空"与名实之间是存在着某种必然且连续生成的话语情境的。

而关于嵇康本人是否确有受到佛家思想影响一事,似颇为关键,原因在于其决定了本书立论以"般若色空观"来解疑《释私论》之"不存、不系"的名实关系问题是否具备适应性,是否得以成立。对于这个问题,现诸多研究论著中以汤用彤先生在《汉魏两晋南北朝佛教史》一书中考证最为扎实系统,其中介绍佛教入华之古史传说等就颇为精到。其言如《拾遗记》载燕昭王即位七年已有"沐胥之国来朝"一说,但合《晋书》可知"其事多诡怪",而印度也并无此称谓。又如,常谓东方朔言有劫火,故知佛法到。但按《搜神记》载,"又昔汉武穿昆明池底,得黑灰,问东方朔。朔曰:'不知,可问西域胡人。'"[1] 即可知此说已谬。又有伯益知佛、太宰嚭问孔子、《魏书·释老志》载张骞"始闻浮屠之教"、《世说新

---

① 汤用彤.汉魏两晋南北朝佛教史[M].上海:上海人民出版社,2015:9.

语·文学》载《汉武故事》言休屠王金人等事也皆系不实,此处便略去不表。现略陈汤氏所考之已产生基本共识了的东汉永平求法及《四十二章经》一说于下:

"永平求法最早见于《弘明集》所载《牟子理惑论》《四十二章经序》、刘宋宗炳《明佛论》、南齐王琰《冥祥记》《魏书·释老志》及杨衒之《洛阳伽蓝记》……梁《高僧传》引记曰,腾译《四十二章经》一卷……是梁时于本经译出之人本无定说也。又《僧传》谓经在洛阳出,而僧祐谓于大月氏译讫还国……盖汉明求法故事,《牟子》系传说较早,亦较可信。《牟子》所传虽有疑义,但绝非全诬……汉明求法事,因年代久远,难断其真相。但东汉时本经之已出世,盖无可遗……《四十二章经》虽不含大乘教义,《老》《庄》玄理,虽其所陈朴质平实,原出小乘经典,但取其所言,与汉代流行之道术比较,则均可相通。"①

以上为汤用彤先生考证佛法初来,以《四十二章经》之说已可证明佛法最晚已于东汉时期至少在统治阶级上层贵族之间形成了相对规模,并使得当时士人竞相认其为所谓"玄道之知音"并用以阐述个人观点。同样论见亦可参看季羡林之《浮屠与佛》一文,其文通过考证"佛"字实际本先于"佛陀"出现而并非其省写,并应原出自吐火罗文 B 龟兹文"pud"(或焉耆文 pat)而非印度古语;"浮屠,浮图"出于是古印度方言(Buddha),由考辨佛名源流探究出《四十二章经》流入中国并非全权经由西域,很可能一走陆路二走水路(可以说是两个版本,其一是襄楷所引浮屠之大汉译本,故其中凡称"佛"者皆从"浮屠";另为现存支谦本,此本极可能译自某一中亚语言,总之非印度源语),甚至于"汉末三国之前,当时已是很有可能有了直接从印度俗语译过来的经典"② 等。

而后于嵇康所处之曹魏及司马氏当政时期,佛教初于异土待哺,需要求以生存,故其方式便更为快速地走向了佛道和融,即引:"佛教自西汉来华之后,自己有经典,惟翻译甚少,又与道流牵合附益,遂不显其真面目。故襄楷引佛经,而已与黄老并谈也。及至桓灵之世,安清、支谶等相继来华,出经较多,释迦之教乃有所据……夫东汉常并祀佛老。黄老之道以及方士托名于黄老之方术,其盛行之地亦即佛教传播之处,谓理

---

① 汤用彤.汉魏两晋南北朝佛教史[M].上海:上海人民出版社,2015:27.
② 季羡林.季羡林全集:卷15[M].北京:外语教学与研究出版社,2010:27.

之所应然……及至魏晋,佛教则更依附于玄理,大为士大夫所激赏。"①

而对于本书所着重引为论述之"色空"观便是所谓般若思想的核心②。而般若亦是汉魏时期最早且最具规模的传入中国之"中土佛学"学说代表,可以说,时人如遇时佛法,须必晓得般若义,并且也在该时,佛学真正始同所谓玄学趋成和解,浑在完善。何以? 如下:

"汉末佛教有二大系统。至三国时,传播于南方……二为支谶之《般若》,乃大乘学……稽康,阮籍所用之理论,亦颇见于是书中……支谶、支谦之学说主神与道和……后者与玄学同流,两晋以还所流行之佛学,则上接二支。明乎此,则佛教在中国之玄学化始于此时,必无疑也……其后《般若》大行于世,而僧人立身行事又在与清谈者契合。夫《般若》理趣,同符《老》《庄》……《般若经》之翻译,汉晋最多。朔佛支谶所译为《小品》,支谦再译之,均有三十品……朱士行得梵本九十章,后译出为《放光般若经》……"③

又牟子《理惑论》论佛者:"佛乃道德之元祖,神明之宗绪。佛之言觉也。恍惚变化,分身散体,或存或亡,能小能大……"又论道者:"道之言导也。导人致于无为。牵之无前,引之无后……"④又支谦译《大明度经》第一品亦有明示:"夫体道为菩萨,是空虚也。斯道为菩萨,亦空虚也。"故佛玄二者之于形而上层面的义理之同可谓窥一斑而见全豹。玄学本肇始《老子》之所谓"玄之又玄,众妙之门"之玄妙义,并加以不断地深掘以至将其彻底抽象化、理论化、概念化,从而用以探究其背后或于道家或于儒法的隐性内蕴。而如吕澄所谈到的,"魏晋之交,晋之代魏与魏之代汉一样,手段诡诈,斗争激烈,这种政治上的动荡与倾向的不明,在意识形态上必然有所反映……经济政治上的游离闲懒,就形成了他们特殊的阶级性格:浮华任诞。"⑤这样的时代背景也就注定会造就这样一批具备高度鲜明的时代性格特征的文人仕士,表现在思想领域里,便是将对于现实的不安与压抑转寄于对这种虚空幻境式的精神世界

① 季羡林.季羡林全集:卷15[M].北京:外语教学与研究出版社,2010:23,32,43,81.
② 具体可参看载于僧祐编《出三藏记集》所载东晋道安著《综理众经目录》一说,其中所列之书品多已涉及时下的"般若色空"观学说。
③ 季羡林.季羡林全集:卷15[M].北京:外语教学与研究出版社,2010:97,107.
④ 僧祐.弘明集校笺·牟子理惑论[M].李小荣,校笺.上海:上海古籍出版社,2013:14—15.
⑤ 吕澄.中国佛学源流略讲[M].北京:中华书局,1979:44.

的探讨与追求上，即时人纷纷弃孔儒而尊老庄为本师，甚至更由正始之
以老为本进而发展至竹林之尊庄为首，则更加走向了一种极端化的对于
世俗的遗弃与脱离地带。故嵇康言："每非汤、武而薄周、孔，在人间不
止，此事会显，世教所不容。"① 对于魏晋时期名僧名士以佛学玄学化方
面，吕澄先生在其《般若理论的研究》与《安世高》《支娄迦谶》中亦有
大致详述，此处不再做展开。由于此，魏晋时人尤其以竹林嵇阮等为代
表，开始逐步会通本土道家之"玄"义与外来佛家之"空"义于一处，来
慰己所需。由于主流精神的迫切需求，也就为佛家初期传入的"般若色
空"观培植了极佳的生存土壤。

《说文》："色，颜气也。"又《诗经·鲁颂·泮水》云："载色载笑"。
这些都是从"色"的外相上来谈的（"色"的外相又可作佛家所谓"眼耳
鼻舌身意"之"由眼至意"的"根界"层面理解）。故我们可知，从色字
本义来说，"色"的发生及形成总是与其内先天带有的"人化"义相互依
存的，也就是说，没有"人"，就没有"色"；没有人的存在，就无所谓"色"
的有无。故《老子》云："五色令人目盲。"② 这就是在有意识地缚脱所谓
肉身"现实界"而进入广义（泛性）现象界（即说一切有部之一切有为法
所括）。此一步对于"色"义的诠解而言，则已基本宣告完成了其意义
的人格化部分。至少从其"人化"角度来看，佛家可以抽离出对于客观
实体的意识形象而加以"去实体"，加以超越，从而构筑起佛家之所谓由
"色"之所谓"根界"升至"法"之所谓"尘界"；而至于"色"之佛义，则
须更深一度，即达成某种证悟，悟入其"空"义（"色"所含之"空"性）。
而脱离开所谓"色蕴"（全部物质现象之"聚合"）乃至其外的一切"声、
香、味、触、法"的虚无之"名"，这种"色"就已经不能仅限于一种"人化"
义了，而是转换生成一种途径（即通道，《大乘起信论》谓之"真如"与"生
灭"二法门），目的就在于使我（亦即众生）借由这种"色"而悟入"空"
义，借由"色"（物）而至"空"（境）。可以说，这种意义上的"色"已经成为"空"，
成为证佛果、成菩提、以致入涅槃的必然所取。由上观"色"之义，实际
上已经在中国产生起"色""玄"的形而上层的契合感了，而后又持续在
自觉地融会着佛道二家创论伊始的极具抽象性的"色""玄"义理取向，
只不过是视野不同，层次不一罢了。

---

① 嵇康. 嵇康集校注（上册）[M]. 戴明扬，校注. 北京：中华书局，2016：198.
② 关于"五色令人目盲"的色空观阐述可详参僧祐. 弘明集校笺·牟子理惑论 [M].
李小荣，校笺. 上海：上海古籍出版社，2013：38.

　　而关于"空"概念，较于"色"而言，因其自具的难以言尽的某种"虚性"（本土道家以及西来佛家义皆如是），就使得论述这种"空"义显得更为复杂，更难统述。故若论其要义，则急需使其适当依附于一些特定的论述对象，使其能"一而显万"。空字本义据段玉裁《说文解字注》言："空，窍也。"则可知空的造字之义是作为空间概念（即便这种空间概念还是一种实体性房屋、洞穴等静态化的空间概念）确认的。而后多是在其本意上剥离其静态性并加以抽象、引申至一种"虚性"（即所谓"虚静之性"，具体表现于"空"则为一种动态化空间，当然这种动态很难被限定于固有认知中的"三维"立体）的状态感。如《广韵》："空，空虚。"又《诗·小雅·大东》："小东大东，杼柚其空。"也正因此，空字的"义变"自开始便自觉地于道家"唯道集虚"的总思想作用下为其所收，进而借以表达一种无可表达之虚。诚如浸润黄老学风之《淮南子·原道》中所论道的："空穴之中，足以适情。"①贾谊《鹏鸟赋》亦有涉及："澹乎若深泉之静，泛乎若不系之舟。不以生故自宝兮，养空而浮。"而后由扬雄《法言》将其彻底模糊化处理，极具突出其抽象性一面，即言道："玄者一也，至空者何以为九？空即窍，窍有九，故俗言九窍；然则此一与九非定数，有错综参伍存乎其间，故不以一九名，而以《玄空》二字代之"等。其他赘述不再作引，概说的均是此理。而这些对于我们理解"空"的字义来讲是很有必要的，但在本书看来，对于深入"空"乃至全面认识"空性"，还是远不够的。单就其字面含义的延展就稍为逼仄，时久则"性脱"，即"义散"。另外，有趣的是"空"在汉语所谓"虚性"意义的发展过程中，似乎出现过少量试图描述其具备某种特定的三维空间属性（可理解为一种地理特征）的言论，这似乎是一种对于时下言玄道者"全虚其义"的"回拨"，而这也恰恰证明了"空"义的发展在某种程度上又实则是具有原始"色性"的，是体现出"由色入空"的理由的。如《荀子·解蔽》："空石之中有人焉，其名为觙。"②等。

　　以上大抵是所谓"空"之汉字意思，从中我们不难发现，无论是其字本义亦或是言道者所引申，皆系对于"空"义的极端诉求，以致距离人（我）之本身来说已然越走越远。此于佛家之谓"世间法"，即所谓世间知识（即佛家之介乎天台"空"与"假"二谛之间抑或三论之"俗谛"）。

① 刘安.淮南鸿烈集解（上）[M].刘文典，集解、冯逸、乔华，点校.北京：中华书局，2013：41.
② 荀况.荀子校释（下）[M].王天海，校释.上海：上海古籍出版社，2005：856.

而这种僵局直待佛家之佛义诠解，方可算打开了局面，走向"出世间"了。佛家"破空、还空"，即"空"始出我，也还予我。故理解"空"之最深义，还需由佛。

传自印度之"空"（宗）是相对于"有"（宗）而言的，其音译作舜若，意译则谓诸类空无、空寂、空净、非有等义。印传佛籍所载之"空"实为多"空"，即"空"非一般空，乃近似三界空、万法空。故有如《舍利弗阿毗昙论》中所明之"内空、外空、内外空、空空、大空、第一义空"等六大空。又《大毗婆沙论》亦说"内空、外空、内外空、有为空、无为空、散坏空、本性空、无际空、胜义空、空空"等十空。而上述诸列"空"究其本则无外乎我（人），法（破执）二空而已。此对于小乘而言，入"空"是需要"次第入"的，即通过断"遍计所执"而明"依他起"，终得"圆成实"之三性阶段（由此可知其所谓"空"终归是"法相"的——区别于中土佛学如天台，贤首等观"空"之"法其性"）；但较之大乘则刚好颠倒，即大乘自始便是从形上角度来认识其作为人之本质属性的。视为一切诸法皆从本寂，皆具空性。据《起信论》说"生灭门"[①]来看，即本无所生，亦无所灭，生生则生，灭种种灭。又有则可灭，灭必由生来。自佛陀时代其理早造，尤以大乘教法凸显，尤为"般若"根是。

丁福保《佛学大辞典》记："因缘所生之法，究竟而无实体曰空。又谓理体之空寂。"又《维摩经·弟子品》曰："诸法究竟无所有，是空义"。再慧远《大乘义章二》曰："空者就理彰名，理寂名空……空者理之别目，绝众相故名为空。"正是这种对于现象界的超越性使得佛"空"（系多由汉传之佛义所出）不再主观去体认所谓"无常""无我"抑或"寂静"，而是"圆融"此三法印，将此三印同归解脱之门，即空门。将"空"会于一"因缘"，又使"因缘"因得"空"而缘于"实相"所存。如《摩诃般若波罗蜜经》之云："深奥者，空是其义，无相、无作是其义，不生不灭是其义。"又如龙树菩萨之"大分深义，所谓空也"等。而探讨佛之"空"义精髓也正可援嵇康之所"释"（不执）义。何然？关乎此点，余杭章太炎之《齐物论释》宜可解。其言道："……所以者何？此皆比拟而成执见。向无比拟，即以散心任运处之，其犹间姨，子都，不与众人共鑑，必不自谓美好。由斯以言，彼出于是，是亦因彼，曾无先后，而因果相生，则知彼是观待而

---

① 大乘起信论校释[M].真谛，译.高振农，校释.北京：中华书局，2016：25.

起,其性本空,彼是尚空,云何复容是非之论。"[1] 而从"本空"的视角,此种富含"深义"性的"空"则正是对于"观待"的"超越"或者说是"释私"(亦同章氏之"释是非")。至于难为一般"世间法"(具体犹指嵇康所处之时人时识)所能触及的这种"散心任运"之类,便也不容置喙地与嵇康所谓"释私"之义发生了深刻的意指关联。

综上,本书认为,嵇康所著《释私论》是多渗"佛义"的,尤以"释私"之义为例,究竟何为"释"? 又何为"私"? 以魏晋共时平常之玄言悬解实难予以多样性、深度性探讨。故引入佛义,尤以引入"色空观"来解读,意义就显得极为突出了。而其中所渗之"色、空"二义,也使得本书有必要尝试并以此二义为概念基底加以简要论述,从而达到对《释私论》作义理上的剖析与解疑。这亦非偶然,实因二者之间的相互关联甍甍可观。虽嵇康本人或许只可能见到初期"般若"学说的概要(嵇康时般若译作毕竟有限,直至罗什入长安传大乘龙树学方兴),但相信嵇康本人定然是有机会看到诸如二支之《道行》《放光》等大乘般若经的。固然这些译作对于"色、空"二义的阐释不够精深,但亦足可表其要义。基于此,在具体研究当中,对于应用"色、空"二义来深入诠解《释私论》(尤其《释私论》之中心命题"释私")的问题上,本书认为,这是一条极为契合阐明嵇康提出的"释私"一说背后所难以清晰展示其深层义理的绝佳妙径。

第四节 "公、私"范畴之说

一、"不公""无私"的反向逻辑

嵇康在《释私论》中对于"公、私"概念的提出和探讨是贯穿全论始终的,是《释私论》数项概念当中的"主"概念,也是全论的主线。而在"公、私"概念的问题论述上,嵇康却少采取文中别组概念的大都直给的方式,而代之以一种反向的逻辑诡辩形式加以展开。通过逻辑化的推究

---

① 章太炎.章太炎全集[M].卷3.王仲荦、朱季海,校点.上海:上海人民出版社,2014:20.

判断，以加深对"公、私"的"不辩不明"的根本目的。

《释私论》道，"故论公私者，虽云至道存善，事无凶邪，无所怀而不匿者，不可谓无私；虽欲之伐善，情之违道，无所抱而不显者，不可谓不公。"[①] 要探讨"无私"问题，嵇康则有意先回避直接解答有关"私"的概念问题（因为这里始终涉及"私"概念的既定字义，其含有鲜明的贬义性成分），并转而论证"私"概念含义的另一维度或者说是其本身概念的另一层面。而这里已经开始渗透出嵇康的一种将部分哲学概念有意识地审美化，从而构筑起其独特的论述方式以及背后蕴含的审美诉求。由于这种审美诉求的催生，就势必会通过"倒逼"将关于"无私"的论证置入对"私"的理解范畴之中（或者直接可以说是其美学性）且予以不断拓展（"逼"），这样得出的"私"概念就自然显得更加立体，更加富于审美价值。同理，嵇康所谓以"不公"论"公"也是方便采用反向逆推的方式，以反推正，使得这一"正"的正确性更加得到"辩"中的证明。这种反向逻辑证明方法，中国自古已有。显著者当属公孙龙子之"白马非马"命题论说。公孙龙涉及的"白马非马"命题是以所谓"离"（即将概念从其所属实体中彻底抽离而出）思想作为基本前提，进一步通过这种"离"，将"白"（作为一种颜色或纯概念）、"马"（同前）与"白马"三组分别进行反复诡辩，并加以逻辑上的探讨。如在"白马非马"命题的所谓第五层论证中，公孙龙论道"以'有白马不可谓无马'者，离白之谓也；不离者，有白马不可谓有马也。故所以为有马者，独以马为有马耳，非有白马为有马……白者，不定所白，忘之而可也。白马者，言白定所白也；定所白者，非白也。"[②]

综上可以看出，从公孙龙的角度，"白马"在"种属"关系上固然不可脱离于"马"本质，但作为一种抽象概念而言，其却是"白"同"马"二者的加权项。因此，作为"白马"本身来说就必然会附加上"白"与"马"二者的各自义涵，达成一种 $1+1 \neq 2$ 或 $1 \neq 1, 1 \neq 2$ 这样的模式配型。这实质上也是从"名"（概念）到"实"（该概念所对应的该意义）的关系角度给出了逻辑上的探讨方向。在"白马"其身上"离"掉"白"的属性，那么这种"马"就自然不再成为"白马"了。而之所以出现"白马不可谓马"或"有白马即有马"，就是因为那一部分人将"白马""马"化了，

① 嵇康. 嵇康集校注（下册）[M]. 戴明扬，校注. 北京：中华书局，2016：403.
② 王琯. 公孙龙子悬解 [M]. 北京：中华书局，2014：52.

即从"名"("马"的总概念)来推"实"("白马"作为一种概念的特殊性)了,这样得到则是将"白马"限制在了"马"这一范围之内。是存在一种先"马""名",而后"马""实",再后"白马""实"的逻辑顺序。而非出现先"白马名",而后"白马实",再后"马实"这样的情况。由两种不同的逻辑思路,自然会形成两种迥然不同的结论观点。而对于这种被"离"出来的"白",则就存在于"不定"的状态中,随时等待被依附。那么这种"白"就也不再是概念稳定之"白",甚至就代表一种抽象性了,即用以区分"彼、此"之间,这样一来真正地在主观上让"此马"非"彼马"了。

我们通过探究公孙龙对于"白马非马"的反向认知,对应回到嵇康论"公""私"("不公"与"无私")的问题上,就"持之有故"了。所谓"无私"即并非只能像常识经验所理解的那种"志道存善""事无凶邪"之状。若是只因"无所怀"才"不匿"的话,那么这种"不匿"就不能作为评判"私"与"无私"的标准了。"无所怀"(不知)自然能做到所谓"无私",但这种"无私"实际上就是一种伪"无私"了。所以,这样通过"无私"概念作为反向逻辑说明,就能将正面的"私"之实质予以揭露,进而也使人更加认识到了何为"私",以及何为真正之"无私"。而对于所谓"公"概念以及"不公"来讲,同理亦然。

针对嵇康概念内部所高度蕴含的名实关系而言,则也在通过对"名","实"之间的概念推演以达到自身升华的目的。诚如公孙龙继之论及"黄黑白色之于马"言,"马者,无去取于色,故黄、黑马皆所以应;白马者,有去取于色,黄、黑马皆所以色去,故唯白马独可以应耳。无去者,非有去也,故曰白马非马。"① "色"之于马,正如"实"之于"名";正如"私"之"实"之于"无私"之"名""不公"之"实"之于"公"之"名"。如是者,即应"无去者,非有去"了。而公孙龙的因"离"而"忘之而可"的这一思想,则较为适合于论及作为一种整体概念的"公私",即"情"化了的且富于美学意味了的"公私"。

二、"公私"范畴的审美化

嵇康《释私论》继而再论,"今执必公之理,以绳不公之情,使夫虽为

---

① 王琯.公孙龙子悬解[M].北京:中华书局,2014:51—52.

善者,不离于有私;虽欲之伐善,不陷于不公。"① 嵇康的这个"理"便是一种"实",而对于这种"实"的"执"是为了去匡正("绳")这种"情"。但这种"情"我们不应简单地在概念上将其归结成一种与"实"相对的"名"。确切地说,它应该是"执公"后所下的一种判断。换句话讲,也就是另一种层面上的"实",也就是美学(审美)意义上的"实"。倘若我们从这一角度来理解,那么,如何算是达到了"实"的最终匡正的目的? 这就需要使被匡正的二者("公与私")自我构建为统一整体,而后以整体概念的身份被审美性地认识与观照。这种认识与观照近似于使人须使用先前本书所论佛家般若学之谓"色即是空,空即是色"的相互构成观作为思维基底,这样方可让"为善亦可有私""伐善未尝不公"的结论得以成立。

何晏《论语集解》中谈到"夫子之言性与天道不可得而闻也已"时云,"性者,人之所受以生之理"。关于此,贺昌群在其《魏晋清谈思想初论》中论道,"则性即理也,天赋与人物所以生之理,此理无差别性,谓之人性,喜怒哀乐之情,人性之所同然者也,运情而得其中,即所谓'性即情',亦即'以情从理',能至此者,为人性之最高表现。"②

在这里,何晏已然将圣人之情进行"理"化了。也就是说,在他看来,最高程度的"情"是"既入理,又出理"的。"既入"是人性使然,"能出"则是"以生",即用以生存生长生活之"理",如贺昌群"此理无差别性与情"之言。又贺昌群以王弼引论,"依王弼之意,圣人固有情也,然圣人者茂于神明,寂然不动,不往而到,感而遂通,体冲和以通无,则圣人虽有情,未尝无情也;虽无情,未尝不有情也。"③且亦从王弼角度接而对这种"情"做了"未尝无情,未尝不有情"的解说,甚同与嵇康之所谓"必公之理"下的"不公之情",而这种对于"情"的辩证理解,也正是嵇康所一再强调的这种"越"而"任"的意图。反映到"公私"上,则是在承认"公私"意义客观存在的基础上对"公私"概念本身做一种整体性的"超越",而后复道而返,由"实"得"名"。因"名",而证"实",这样便完成了对于"公私"的审美化认识。

当然,这种审美化认识的产生很可能是作为一种"选言判断"的证得而存在的。《韩非子·显学》中谈到,"夫无参验而必者,愚也,弗能必

① 嵇康.嵇康集校注(下册)[M].戴明扬,校注.北京:中华书局,2016:403.
② 贺昌群.魏晋清谈思想初论[M].北京:商务印书馆,2011:78.
③ 贺昌群.魏晋清谈思想初论[M].北京:商务印书馆,2011:81.

而后据之者,诬也。故明据先王,必定尧舜者,非愚则诬也。"① 这即是一种较为典型的二难论式。将大前提作为两个充分条件的假言判断,小前提是用大前提中的一项条件组成的选言判断,而至于结论则是对于两个前提的共同部分的选言判断。通过"参验",这种选言判断,就相当于贺昌群论王弼之"两个未尝",就相当于嵇康之论"公私"而后得到的"为善亦可有私""伐善未尝不公"的逻辑结论。而这种"参验"本身就是前面提到的"执公",而"必"则就是"必公之理"了。这也从逻辑判断层面对嵇康所谓"不离于""不陷于"等作了理论敲定。

而从名实关系角度来说,为了避免出现荀子之所谓"惑于用名以乱实"的现象出现,对于这个"实"就必须要作一些审美化处理了。《墨子·非命中》云:"我所以知命之有与亡者,以众人耳目之情,知有与亡。"② 这个"耳目之情"很大程度上就趋近于一种审美化视角,虽然亦须在符合客观实际的前提上进一步探讨,但这种"耳目之情"之所以"以众人"本身就是在进行一种审美化处理:感性认知。即便有"有"或存"亡",可若不来自于我"知"的"以众人"之处,就不会有"有",亦不会存"亡"。这本质上也是出自其深刻的"兼爱"的审美理想之中的。对于一种"名",如何做到以"实"匡正,这本就对"实"来说是判断论的,是相互且不断渗透的,甚至是在以"名"为"实"(当然这种"实"在"名"的牵引下就必然失去其纯粹的抽象性了)。

而对于嵇康之"公私"亦然。"公"如若真可"公中存私","私"如若真可"私中带公",那么对于这种"公"也好,"私"也罢,就已经不能简单地逻辑化了。若此,则必然会消解作为"公私"本身的整体意义,进而贬损其美学价值。如果我们可以以"公私"这一概念为一座基盘,那么在其上进行叠加的就是"公私"化了的"公"与"公私"化了的"私",也就是一种"公存私"与"私带公",而这样行使的目的就在于,从整体角度上更加厘清了"公私"各部分是否存有外延。这种外延实际就正是一种"审美化形式",就是为了"以名举实"(墨子语),就是用来规避"狂举"问题③ 的(《墨辩》称"名"对"实"之举的谬误,是保证"以名举实"的正确性的必然要求)。

---

① 韩非.韩非子集解[M].王先慎,集解.北京:中华书局,2013:500.
② 墨翟,孙诒让.墨子间诂(上册)[M].北京:中华书局,2001:273.
③ 《墨辩》所谓"狂举不可以知异,说在有不可","狂举"的根本错误在于无法认清部分之间的各自关系,即各自的特质属性。

《墨辩》中还有论"彼此"问题，"彼彼此此与彼此同，说在不异"，这实际上就是一种"正名"判断，也就是为了要让"名实耦合"的"合"目的存在的，而这种"耦合"目的也恰恰正是嵇康"公""私"之于"公私之理"的审美化目的。难怪嵇康道："欲之所私者，乃非有私也。言不计乎得失而遇害，行不准乎是非而遇吉，岂非公成私败之数乎？"[①]"公成私败"或者说所谓"公私"之成败，恐皆系于对名实关系的正确认知，即应是灵活的，抑或审美化的（作审美化处理对于理解嵇康概念由此得知其必要性），而绝不可僵化，不可拘泥。"公私"亦可作为一种"实"（对其"名"的"别样称述"）而存在；也只有这种审美化了的"公私"，才能帮助我们厘清以致不惑真正的"公私之理"。

---

① 嵇康.嵇康集校注（下册）[M].戴明扬,校注.北京：中华书局,2016：403.

第三章

《释私论》名实范畴的
一般方法论问题

第一节 "明为措"："措"范畴的主体指向

一、"措"

《释私论》："乃心有是焉，匿之以私；志有善焉，措之为恶。不措所措，而措所不措。不求所以不措之理，而求所以为措之道。故时为措，而闇于措，是以不措为拙，措为工。唯惧隐之不微，唯患匿之不密。"① 嵇康在这里提出了一种所谓"措"的概念用以说明在方法论意义上如何现实达成其所标榜的"任自然"（"自任"或"自性"）的理想和谐状态。他谈到，所谓"不求所以不措之理"是因为"不措之理"在他看来是可以恒定的，是处在"不变"位置上的，是需要我们先"求得所以为措之道"这样的实际行为和方式方法。这是对于我们诸多"常人"（未能成"君子"之前，注意此处不是"圣人"，因"圣人"状态者在"不移而寡"）来说，应先摆在首要地位认识的。而至于具体的实行方法，嵇康则命之曰："不措所措，措所不措。"那么，我们又应该如何加以理解？

首先，我们要厘清对于"措"以及由"措"所引申搭配而出的其他概念之间的认知问题。"措"本义在《说文》中给出了"措，置也"这种用手放置的含义，而后无论该字义如何进行引申，总还是归至于一种与个体主体性相关的动作或其行为背后的意识上来。这样一来，由于"措"意本身已然开始生成了一种主体意识性，再假借到嵇康概念之中，用以表示为成"君子"所需"明理"的"常人"操作方法就较为合适了。"措"意本身是带有正向性的（所谓归置，显然有肯定性意味），这就需要我们在对其加以进一步深入探讨时所应突出的两条路径：其一，"措"的反向性需要借助"措"本身的正向性在概念解释上被予以明确，即诸如何谓"不措"，何谓"为措"以及何谓"无措"等。正是导源于"措"概念本身固有的既定含义，才会使它们之间产生出内在的关联，并同时具备实际意义；其二，正因"措"本身是具有正向的肯定属性的，所以这就要求我

---

① 嵇康．嵇康集校注（下册）[M]．戴明扬，校注．北京：中华书局，2016：405.

们在具体理解其含义时,应更加需要对这种正向属性作出一种"正确"
认识(嵇康之谓"明为措");也就是说,要做到"明"何为"真措"(即"措"
之"实"),而避免所谓"闇于措"(受困于"措"或对"措"的理解有局限
性)。

我们知道,嵇康在前面使用"名教"同"自然"的话语模式分别说明
了理想同实际,客观同主体,"名"同"实"之间的辩证关系;同理,在这
里嵇康又在通过所谓"措"字进行"执一统众",并试图通过另一种话语
模式("措"概念)来对名实关系进行另一维度上的概念辨疑。那么究
竟如何对嵇康所列"措"这一系列概念进行系统认知?本书试以下图
说明:

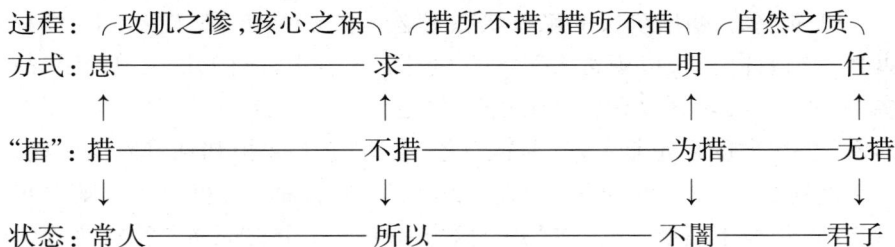

```
过程:  攻肌之惨,骇心之祸    措所不措,措所不措    自然之质
方式: 患————————求————————明——任
       ↑              ↑              ↑        ↑
"措": 措————————不措————————为措——无措
       ↓              ↓              ↓        ↓
状态: 常人————————所以————————不闇———君子
```

由图可知,在"措"系列概念当中是存在顺承(递进)关系的,是不
断朝向嵇康的终极理想状态进行过渡的:措→不措→为措→无措。"措"
前文已经提到,这里我们可以把其加深理解为一种主体的认识行为;而
主体每对一对象物进行认识,就必然会代入进一种主体性意识于这一对
象物之中,并进而产生某种对于客体认识受制于主体意识的局限性,我
们可谓之为"执"(佛家之"我执");而当主体有了这种"执"("措")意
识后,主客在某种程度上就已经开始由对立趋向统一了,只不过这种统
一("自然状态")还尚为初级阶段,且不成熟。"措"在嵇康话语体系中,
就天然带有着这种局限性,带有着"执"性,这也是"措"本意的另一种
概念性的引申义。而"措"概念于此作为嵇康整体"措"系列理论的前
提基础,则是被予以"中"化的:将其作为一种"元概念"而存在,且不
具备所谓先验的主观倾向。从概念本体论角度(不是方法论),其不作为
被批判对象存在,而随整体体系的发展演变而不断被赋予新的定义。

"患"是其所具体存在的方式体现。嵇康言道:"不知冒阴之可以

无景,而患景之不匿"①。此批判的就是那种不知蒙蔽自我便可自然做到(主观上)使景色从无(即不见景)。这是一种主体行为,也是一种"名"的体现,而非景("实")真无,但其却"患"于景(客观对象)"自我"不隐藏,而这种"措"则实际上就是以主观假代客观,造成主客体混淆了。这种认识实际上还是初期阶段的典型,表现为认识的片面性、绝对性,即看不到主客体的内在联系性。在方法论意义上,则表现为因"不知"而只"患",也就是停留在单纯的"患"上,而取消主体的能动性行为。在这种"患"的方法论影响下,"措"概念的认识也就不可避免地囿于初级性、局限性,使得就"措"论"措",以致无"措"可论,从而造成概念的浅层化。而这种"患",显然就是一种失效的认识行为,是庸人自扰的,是一种主体意识的局限性表现。

概因于此,初期阶段的彰显状态就必然多于所谓"常人"之上,即嵇康之"有矜许之容,以观常人"② 了。也因"常人"多囿于其认识局限,故多"心有是焉,匿之以私;志有善焉,措之为恶"③。这种"隐之不微,匿之不密"恐怕说的也正是一般"常人"之"通病"。若要由初期进阶至中期,就必然使得"常人"经受非"常人"所"常"之"惨祸"方可至。否则,"患措之不巧,岂不哀哉"④。在"患"的方法论意义上,"常人"往往是作为"患"与"措"的双方塑造结果,这样使得"措"就必然会以一种初级概念的形式成为一种后续概念进行引申的底层基础。前文论道,虽然"措"概念本身具有正向性,但这种概念的正向性并非与"执"冲突,二者也并非对立。因为"措"具有主体性,而正因这种主体性保有局限,故导致"措"概念必然会不确定,成为一种变动的状态,而逐步进阶至主体的下一个认识阶段。

二、"不措"

这里的"不措"也不能简单地被理解为是"措"的对立面,作为否定"措"的概念而存在。"不措"即是"措"的合理进阶,是"措"于方法论意义上的首次过渡,是主体在经历一系列犹如"攻肌之惨,骇心之祸"的

---

① 嵇康.嵇康集校注(下册)[M].戴明扬,校注.北京:中华书局,2016:405.
② 嵇康.嵇康集校注(下册)[M].戴明扬,校注.北京:中华书局,2016:405.
③ 嵇康.嵇康集校注(下册)[M].戴明扬,校注.北京:中华书局,2016:405.
④ 嵇康.嵇康集校注(下册)[M].戴明扬,校注.北京:中华书局,2016:405.

人生经历和客观遭遇后发生的主体意识转向，产生了对客观之"实"的某种否定性之"名"；而在这种"否定性之名"的作用下，主体自然也对"措"意识进行了意识更新，即自然偏转至所谓"措"的反义"不措"上，以达到对其的"一次概念否定"。当然，这种"一次概念否定"必然是泛性的、表面的、浅层的以及不深刻的。所以，我们对于"不措"概念的讨论就更应在理解的正确性或如何正确理解"不措"之上，而不仅仅将其作为"措"的反面来看待，这就是"不措"作为一种抽象概念的方法论意义所在。

而这种"不措"究竟应作何理解？本书认为，因"不措"的设立是针对于"措"的，故探讨"不措"还是应该比照"措"概念来并置对谈较为适宜。嵇康说："不措所措，而措所不措。"这里，前句这一"所措"之所以需"不措"，是因其"措"的是"善之志"，是"有是之心"，即这一"所措"实乃"善措""心措"，故在方法论意义上应予以"不措"方式处理。也就是说，对于这种"善措"与"心措"是"不应措"的，而后句之"所不措"之所以应该被"措"，乃因这一"不措"已然跳脱出方法论框架而上升至一种本体论领域，是作为"心""善"抑或"是"（本质上也是一种"实"）的替代概念存在了。这样一来，我们就可以在方法论意义上将二者予以概念整合，进行意义盘互。"不措"可以被理解是作为"所措"的一种具体方式，"措"同理亦可被理解为一种"不措"的具体方式。在这里，"措"与"不措"的概念互换就可以得到一定程度上的明确。当然，这只是对于二者概念本质理解的一个维度（也可从抽象本体出发讨论，这里不做展开）。

那么"不措"的具体状态为何？本书认为是"所以"。"所以"是对事物道理的明示与阐发，是代表"不措"的对象物本身的根本性原理，也是"不措"这一认识行为的意义所在。正因先有了"措"，进而使我们须在其基础上加以"不措"来进一步深化我们对于对象物之"善""心""是"抑或"实"的认知正确性。而这一系列的"不措"行为的存在状态，也正是因"所以"而由"措"成为"不措"的；又因"所以"状态始终也是"不措"之为"不措"的理论依托，故才使得"不措"成为"措"之后的进阶阶段：即是对"措"本身的一种"概念进化"，使"不措"虽作为其概念盘互的对立面却在方法论上区别了"措"，保有了其独立性。而我们理解"不措"概念，理解其所需进行这样的区分，则应从其本身就是在进行一种"求"的认识行为方面入手，即所谓的"不求所以不措之理，而求所以为措之道"。无论这种"求"是具体以"不求"还是以"求"的认识形式存在,都不是绝对性的,都是受到"措与不措"二者的辩证关系推进的。就其本质来说,都可在广义上被认为是一种"共求"行为。"不求不措理"而"求为措道",实际上也已经在说明着从方法论角度认识"不措"是极其必要的。至于这种"为措之道",谈到的则是主体如何认知或者说是如何摆脱局限性的问题。

三、"为措"

由上文所论,所谓"不措"是需要在一种"不措所措,而措所不措"的概念体系中加以辩证的,而正是经由这一复杂的概念厘析过程,才使得"不措"作为概念自身又再一次得到了升华,从而进入了第三阶段(也包含在中期范围之内)。所谓"为措",其实就是指对于前文所论之"措"与"不措"二者的一种概念统筹,是对二者的加深、加固性的方法论认知,同时也关乎着是否能做到对"措"本质的正确性把握。所以,"为措"阶段是必然需要的。

在经历了对"不措"的辨疑后,我们知道,"措"与"不措"之间的相互关系是非常主观的,而牵涉到主观性就一定也会存在局限性。由于这种局限性的天然存在,就成为阻挡由"不措"到"为措"的通道障碍,所以我们需要做的,就是如何破除这种障碍,做到"明为措"而"不闇于措"。如果主体"闇于措",则便等同于将认识着力点放置在了作为初期阶段的不成熟的"措"之上,并形成一种"以措为工"而"以不措为拙"的这种对二者合理地位的倒置现象。但殊不知"措"只是作为概念基础的不成熟性而存在的,其存在的意义就是依托后续概念的发展演变,而"闇于措"则就避重就轻了。至于对"明为措"的正确认知,则应"工于不措而拙于措":在"不措"处采取"工",在"措"上采取"拙"的"侧重性"态度。《老子》云:"大巧若拙"。嵇康本宗老庄,故必然以"拙"为重。而对待"措",就需要一种"放"或"蓄养"等之类的认识方式,这样的好处在于,使其不限制后续概念的合理衍生,为后续概念留有拓展的充足空间;也是从本体论角度,对"措"概念自身作为系列概念的总纲,保留了其必要的概念延展性。而如"不明为措",则会导致"以不措为拙,措为工"。这样一来,"工于措"则势必缩减甚至破坏对建构在"措"基础之上的"不措"概念以及其他概念的理解的合理范围空间。"工于措"就必然会囿于"措"自身所具有的主体倾向,必然会导致其认知局限("执")。而这种认知局限,就自然使得对"不措""拙"了,而无法对其进行正确的概念建构和方法论解释,这也在无形之中消解了"不措"概念的深刻意义。所以,这种倒置显然是不应予以采纳的,否则只会"成其私之体,而丧其自然之质"① 了。

四、"无措"

由于前面三个阶段的顺次推进,我们可以最终在这一阶段对"措"概念作一合理收束和方法论整合。所谓"无措",即无所谓"措"与"不措",即嵇康之谓"任"与"自然"之法,亦即佛家之谓"放下"之义。在"明为措"的基础上,知晓了"措"作为概念自身的本质意义,并在方法论上予以了"正名"、体现,我们就可以在宏观视野下(全面性)对"措"以及因"措"而演之"不措"以及其后的"为措"进行整体性的"二次概念否定",进行"扬弃"。而这种"二次概念否定",实际上也是在方法论意义上予以其再次理论升华,即进入到一种人生境界观当中。

在"无措"概念范畴中,方法论意义显然已经居于次位,而其境界观效果则得到了有力的强化。"无措"是对"措"概念的整体性超越,是在"明为措之道"的基础上真正做到了"体无",做到了"任自然",做到了"自性",做到了"以名举实,名实相副",且最终实现了一种审美化的概念认知,一种高级的复归,并达成了嵇康之谓"收情以自反,弃名以任实"的"任"的和谐状态。当然,这种和谐的名实关系是经由"自然之质"的合理催生过程而达成的;也正因这一"自然之质",才使得"无措"概念其内包含着且不可脱离于深层的名实关系作用,而又在这一维度上对名实关系加以了重塑,成就了一种"是非之议既明,赏罚之实又笃"② 的理想名实状态。处于且达成这种"无措"的理想境界,其具体状态也必然是理想化的。在人生观角度的观照下,其是富于完美人格的展现,是作为一种嵇康所标榜、所推崇、所望终成的"君子"形象而存在的。

《孟子·离娄下》云:"君子必自反也。"③ 这里的"反"同"返"。这种"反"即是"反求诸己"之"反",即是"收情以自反"之"反"。而正因

---

① 嵇康.嵇康集校注(下册)[M].戴明扬,校注.北京:中华书局,2016:405.
② 嵇康.嵇康集校注(下册)[M].戴明扬,校注.北京:中华书局,2016:405.
③ 孟轲.孟子译注[M].杨伯峻,译注.北京:中华书局,2010:182.

有了这种"反",在名实关系上,才真正实现了继"以名举实"的——对应式架构之后的所谓"弃名以任实"的高度主体性的理想状态。从主体性角度看,这种名实关系显然已经富于主观了,也就是跳脱出所谓传统名实概念对应性框架而在"离"之后又进行了"合"。其跳脱出抽象的逻辑范畴而上升至人生境界范畴加以思考,造就出所谓"否定之否定",最终使其达到一种"正→反→合"的终极和谐态。在这种状态之中,逻辑可以弱化而成为概念自身存在的辅助形式,并逐渐被模糊化处理;概念的"客观性"也旋即不断地被主观化、主体化,也就是人格化、境界化,终至审美化。在这种审美化境界中,就"措"来讲,自然是"无措"的,即"无措之可以无患"而"不患措之不巧"了。这样看来,"无措无患"也只有于此才能得到其真正的概念实现了。

第二节 "以察寻变,明其所终"的盘互属性分析

一、"似非而非非,类是而非是"

嵇康《释私论》云:"然事亦有似非而非非,类是而非是者……故实是以暂非而后显,实非以暂是而后明。"[1]嵇康在《释私论》文本中多次提到所谓"是非"概念,虽均有其各自意指,但殊途同归。从所谓"是、非"之整体概念("是非")所包含的部分性概念("是""非")上来分别把握二者,则都能归结于对于这种"是可不是"与"非有不非"的整体"是非"概念的"情"化问题,即概念调和(前文之论相对性或如邓析之所谓"两可")上来。而这种认知也从其目的论层面上转而具体到其方法论意义上,这样对于我们理解嵇康所谓"是非"之义就有了另一维度的延展。

而落实到名实关系上,则自然呈现出一种"名难符实"的"纠缠态"现象。为了达到"以名举实"的根本目的,这种"名"就必然要转化成现成"实",以达到名实相应;而这种"实"也因为其"名"的不定("不至")而必然会出现分化情况。具体就"是非"而言,则这种"似非而非非、类是而非是"之"名"必然会附着一种对于何为"实是"、何为"实非"的概

---

① 嵇康.嵇康集校注(下册)[M].戴明扬,校注.北京:中华书局,2016:404.

念辨疑问题（"正名"）；而这种概念辨疑工作，实际上也是嵇康设置概念所惯用的手法：寓整体于部分的"两可"论式，即对于概念本身存在的"或可或不可"的两面性问题进行探讨，而这种探讨方式在名家"辨"学之中又尤为屡见。

《公孙龙子·通变论》中谈到一个中心命题："二无一"问题。温公颐先生认为其"主要是从概念上分析整体与部分的分离性"。[①]公孙龙设此一命题实际是在概念意义上要将部分与整体的隶属关系予以剥离，从而使其个体性质得以独立存在。而这样的好处，在于将概念真正逻辑化、"辨"化、抽象化了，从而使得通过"辨"的方式来实现"通变"（具体之"变"义下文作详述）。所谓"二"，是指整体，"一"则指构成统一整体的各个部分。这里的"无"字面上代表一种"异于或非于"，但实质上却涉及二者内部的一种包含与非包含的差异性问题。而以此认知，具体针对嵇康概念上则尤为契合。有了这个宏观的先验逻辑基础，对我们以"二无一"的认知模式来看待"是非"概念则是亟须的：在逻辑解释环节上，正因有了"二可无一"条件的先行成立，才使得在"是"之中，"离"出了一种"类是而非是"之"名"；而这种"类而非"之"是"之"名"又"指"出了一种"实是"之"实"。而这种"实是"的本质性是隐藏于"暂非"现象之内（可理解为"是"之"名"）而不易显的，在这基础上，也就名实关系角度而言，自然就厘清了"是"与"非"概念：而在"实"本质角度，嵇康所谓"实是"乃包含且排斥（以"暂非而显"）"是"之"本名"以及"类是而非是"之"分名"二项；同理，从"非"本质角度，嵇康所谓"实非"乃囊括其区别（以"暂是而明"）"非"之"本名"及"似非而非非"之"分名"二项。故温先生说："作为部分的东西一旦构成整体，即变化了其原来作为部分存在的性质，也就是整体中不再包含原有的部分了。"[②]这就是在说概念内部的差异性问题。而关于说明这一点，本书试举《公孙龙子》中"羊合牛非马，牛合羊非鸡"命题作例。

《通变论》载："羊与牛唯异，羊有齿，牛无齿，而牛之非羊也，羊之非牛也，未可。是不俱有而或类焉。羊有角，牛有角，牛之而羊也，羊之而牛也，未可。是俱有而类之不同也。羊牛有角，马无角；马有尾，羊牛无尾。故曰：'羊合牛非马也。'"[③]这里谈到，羊与牛虽于有无齿之处存在

① 温公颐.中国逻辑史教程[M].上海：上海人民出版社,1988：57.
② 温公颐.中国逻辑史教程[M].上海：上海人民出版社,1988：57.
③ 王琯.公孙龙子悬解[M].北京：中华书局,2014：66.

差异,但于角牙上却均"有"。从总体类属角度考察,羊与牛是否必然"类同"即不关乎于个体有无齿角特征这一具体性问题,而只在"类"概念本身是否具备一致性上。针对马来说,则其"类"特征明显少于前两者,所以马相较于羊、牛而言,就是差异的。这样就使得个别(部分)在数量上与整体做了切割;同样地,羊、牛二者本已非"类同",而由此产生的"羊合牛"的整合(所谓"二")就在概念上存在着"二无一"结论。而后之于马(作为另一部分性概念"一")而言,自然也不能予以成立。故三者之间无论羊、牛,抑或羊、牛与马则均存在互相排斥的"类而不同"的概念差异关系。

同理,对于"牛和羊非鸡"来讲,依旧如此存在三者之间的"类"概念的排异性,但落实到名实关系上,公孙龙则着重强调拒绝"乱名",因为"乱名"会导致"狂举",会使得对于名实关系的具体逻辑论证上,出现"名不符实"的混乱、失真的效果。所谓鸡本就同羊、牛"类不同",而这样的论据势必会影响到最终结论,故其言"与马以鸡,宁马。材不材,其无以类,审矣。"①而公孙龙所推之"类"的同异概念后由墨家加以详究。

《墨辩·经上》云:"同:重、体、合、类。"《墨辩·经说上》云:"同,二名一实,重同也;不外于兼,体同也;俱处于室,合同也;有以同,类同也。"②墨家对于"同"这一整体概念在"类同"基础上做了切分,具分为四,即所谓"重,体,合,类"四项部分概念。可以看出,在抽象意义上,每项概念内部均具有"类同"性。反之于"异"之概念亦然,此处则不赘引。也正缘于"类"概念本身所涉足的同异关系十分复杂,即且同且异。故对于概念自身,整体之于部分虽有"同",但部分之于整体亦有"异"。而为了解决名实关系问题,为了使"名符其实"而不"以名乱实",为了防止"狂举"现象的出现,就必须保有"有其异也,为其同也,为其同也,异。"③这种对概念"既同也异"的"两可"认知,以方便我们理解概念之内"同中有异,异中含同"的同异交错(即嵇康之"似非而非非,类是而非是")的非绝对化存在。为避免所谓"狂举",墨家甚至直接给出了这种"以类取,以类予"的认知方式用以审视概念内部的整体与部分的相互关系。这样也在对概念的逻辑思辨上,再次为嵇康之"是非不定"正

---

① 王琯.公孙龙子悬解[M].北京:中华书局,2014:69.
② 墨翟,谭戒甫.墨辩发微[M].北京:中华书局,1964:176.
③ 墨翟,谭戒甫.墨辩发微[M].北京:中华书局,1964:385.

了"名"。

综上,我们自然可以认识到,所谓"实是"则在"类"概念上乃与"是"之整体"既同且异"("类是而非是"),故"实是"不等于"整体是";在名实关系上,也有"是"之"名""既同且异"("因暂非而后显"),故"实是"亦不等于"实之是"或"是之实"此类"部分性"概念。反之,对于嵇康之所谓"实非"在"类"思想的观照下亦如是。

又嵇康《声无哀乐论》有云:"夫哀心藏于内,遇和声而后发;和声无象,而哀心有主。夫以有主之哀心,因乎无象之和声,其所觉悟,唯哀而已。岂复知吹万不同,而使其自已哉……"①嵇康以声音之象同哀乐之心加以"类之同异",故声音之"实是"与否取决于其哀心所主("类同");而正因有"无象之和声"这样的"类异"现象存在,故使得"实是"必然需要"所觉悟"("暂非")的过程,从而通过一种"类取类予"的"吹万"方式达到"自已"("而后显")。

同理,之于"实非"皆从。其实无论声音之哀乐也好,"是、非"之"实、暂"也罢,在"类"思想上都可以构建起一种"二无一"的"既同且异"的概念存在;换言之,我们可以通过辨疑"类之同异",在对具体解析嵇康概念之上采取一种"类"思想的统摄,以获得在同一概念内部呈现的整体与部分的某种"必然差异"结论。而于其背后,对于讨论名实关系问题,实际意义则更为突出,只不过在此基础上的对于名实关系的探究,就需自觉地朝向如何达成"以名举实"这样的理想状态的具体操作(也就是方法论)上来了。在打破概念内部孤立绝对的壁垒后,概念已然不再"纯粹",尽管其依旧需要在概念"整体"上来观照与审视。而在面对概念内部的"各自部分相对"的"异类"阶段上,如何进一步将松散游离的"名何以实"状态(所谓"实是"的"暂非而后显"过程或"实非"的"暂是而后明"过程)打乱,并重组起"名符其实"状态,便成为我们下一步亟待解决的问题。当然,这种经由"辨类"而后重组的名实关系则必然会形成一种新型名实,即已不再是原本名实固有的榫卯对接模式,而是自然生成一种"弃名而任实"状态。嵇康本人将这一过程中的具体途径概括为"察情寻变,执辞准理",借以试图觅得某种"变通之机"。

---

① 嵇康.嵇康集校注(下册)[M].戴明扬,校注.北京:中华书局,2016:346.

二、"变通之机"

嵇康《释私论》云："故乃论其用心,定其所趣,执其辞以准其理,察其情以寻其变,肆乎所始,明其所终,则夫行私之情,不得因乎似非而容其非;淑亮之心,不得蹈乎似是而负其是。"①

从嵇康话语中其实我们不难看出,他是主张先"论其心"而后"定所趣"的,而对于这一"其用心",则恐怕很大程度上是所谓"自然"(据前文所论可知在嵇康概念中"自然"本就可同于"心")。当然这里这一"自然"显然并非着重于其作为与现世"名教"相对立的理想状态而立于此处;于方法论意义上说,其具象化为一种"自性"或"人本"的代名词,以陈述面对诸如实际"是非"现象时的所谓"变通"意识。而由这种"自然"("自性")作主,使其主观地被嵇康赋予了一种"实"性,以用来"定趣"(一种"名")。这种"实"性的"自性"最后所定之"趣",则必然是符合"所始"的;也正是因为这种"自然自性"之"实"的"不变",才可允许(方能使得)其"所终"是真正富有"情"之义的,是任其自在而得的。而这样的诉求结果,既保证了在开端可以"肆乎所始",又在末端可收获"明其所终",即因先为"不变"方可致"变"、先有"自然自性"之"实"为前提条件,方可得"实"化之"趣"(一种"名");应先有"行私之情"与"淑亮之心",方能做到真正不因"似非而容其非"及不因"似是而负其是"。由于思想皆宗庄周而演进的缘故,嵇康所擎举之"自然自性"观念在其后的郭象那里得到了更加详尽的展示与说明。

《庄子·马蹄》云："马,蹄可以践霜雪,毛可以御风寒,龁草饮水,翘足而陆,此马之真性也。"②在此下,郭象作有详注："夫善御者,将以尽其能也。尽能在于自任,而乃走作驱步,求其过能之用,故有不堪而多死焉。若乃任驽骥之力,适迟疾之分,虽则足进接乎八荒之表,而众马之性全矣。而或者闻任马之性,乃谓放而不乘;闻无为之风,遂云行不如卧,何其往而不返哉。斯失乎庄生之旨远矣。"③

郭象认为,所谓真正之"善御者"则在于"尽能以自任",正因在"尽能""不变"的基础上才可发挥其"自任"之"变"用,否则只会使马"不

---

① 嵇康. 嵇康集校注(下册)[M]. 戴明扬,校注. 北京:中华书局,2016:404.
② 王叔岷. 庄子校诠(上)[M]. 北京:中华书局,2007:327.
③ 王叔岷于《庄子校诠》第337页中对"马性"问题略有相关探讨。

堪而多死"。而所谓"任驽骥之力,适迟疾之分"之能事,也即为嵇康所谓"性私之情抑或淑亮之心"所能使。至于郭象这种"尽能自任"的方法,则也正中嵇康所谓"变通之机"的要义。我们要知道,这种"尽能自任"的方式,在马的"纯自然"("自性")角度上说,也正是"马之真性"的必然要求:即是其"真性"之"实"对于"善御者"如何成功达成"善御"并获取所谓真正之"善御者"之"名"的必然要求。但汤一介先生在这里更进一步认为,"如果此马能日行千里,而不让它日行千里,甚至'放而不乘',那不仅不是'任马之性',反而正是'伤性'。只知其一不知其二。"① 这里就又涉及一种对于何谓"自性"之"实"的概念问题上来。对于这一"实"的正确判断,则会直接影响到我们对于由其所致之"变通"("名")是否与其"实"相符的正确判断:即是否真正事实性地做到了"任性"或"任其真性",做到了以"肆乎"开始,以"明乎"到终。当然,说"自然"即"自性",则并非在郭象那里得不到概念肯定,其注《庄子·山木》:"凡所谓天,皆明不为而自然。言自然则自然矣,人安能故有此自然哉?自然耳,故曰性。"这里郭象所说的"性"就是"自然性",就是自然而然的"变通"使然。抛开根本的本体论意义,单就关于"自然自性"的形而下的具体概念解释来说,郭象跟嵇康的看法还是基本保持一致的(并且就郭象本人对于"自然自性"概念而言本就多义,即每针对一具体问题而提出一具体看法)。比如,汤一介先生就将郭象之"自然"归为诸如"天人之所为皆自然""'自为'是'自然'的表现""'任性'即'自然'""'必然'即'自然'"以及"'偶然'即'自然'"五类等。② 而这种对于"自然自性"的真"实"探讨,实际上也是对于其"真性"之"实"同其"自任"所得之"名"的这种名实关系进行了互补性调适,以达到某种"中"态,以"定其趣"。对此,在郭象那里,使用着同嵇康"变通之机"相仿之法,所谓"寄言出意"。

《逍遥游》郭象作注:"鹏鲲之实,吾所未详也。夫庄子之大意,在乎逍遥游放,无为而自得,故极小大之致,以明性分之适。达观之士,宜要其会归而遗其所寄,不足事事曲与生说。自不害其弘旨,皆可略知耳。"③ 其实郭象这种"寄言出意"对于"言意之辨"的问题而言,在魏晋时期已

① 汤一介.郭象与魏晋玄学 [M].北京:中国人民大学出版社,2016:269.
② 汤一介.郭象与魏晋玄学 [M].北京:中国人民大学出版社,2016:49.
③ 有关"鲲鹏"的表述也可参看庄周.庄子发微卷之一 [M].钟泰,校解.北京:中华书局,2006:4.

然成为一种探讨哲学之标新方法，且后已形成规模。关于这点汤用彤先生已有详论①。虽郭象之根本在"崇有"（"自生独化"）与嵇康之"声无哀乐"之重"无本体"有别，但这里本书所举郭象之所谓"寄言出意"之说是旨在说明其于嵇康之方法论意义上的共性之处。而由于言意问题不是本书所探讨之重点，故本书此处不再多阐。郭象认为，对于庄子的言论某些不清之处可以存而不论，在了解其根本精神要旨的基础上，可不必做到字字校疏而造成生硬解读：应以不失其真义为第一，至于其中字句各义则应自然因其生成，做到行云流水。这样即可以"不变"作"所始"从而达到"变"作"所终"了。这种"寄言出意"之法也算是让嵇康的"变通之机"于方法论意义上再次在"言意之辨"处得到了立论。

又嵇康有诗《秀才答四首·君子体变通》云："君子体变通，否泰非常理。当流则义行，时逝则鹊起。达者鉴通塞，盛衰为表里。列仙徇生命，松乔安足齿。纵躯任世度，至人不私己。"②嵇康这首诗作就极为清楚地诠释了"变通之机"的概念含义。作为君子所"体"（效仿）之"变通"本就于方法论意义上体现出较为明显的"任"性来（当然在"自然"所主之下）。这是极其符合嵇康"察情寻变"的实际过程的。而能"体"到这种"变通"，是"非常理"的，即便是松乔古木也是无法做到"足齿"（齐列）的，但无论如何"变通"，如何在其始"肆乎"，在名实关系上都是为了让"名以合实"，也就是这种"表里之盛衰"之"名"能够真正符合其所"鉴"之"通塞"之"实"。再"任躯世度"，如要成就"至人"级别，亦终须"不能私己"，即所谓庄子《齐物》之"唯达者知通为一"之义。知晓了"变通之机"需要建立在"不变"之"自然"（也在承袭着王弼之"贵无"论）本体母机上方能运行，也就明确了因"不变"方能"变"的因果关联：二者内部即存在着某种先后顺序和深刻的"体用"关系。桓宽《盐铁论》云："善言而不知变，未可谓能说也。"这种"知变"在嵇康那里则是一种明"时逝而鹊起"之"非常理"，就是一种"君子所为"（方法论意义），就是一种将不定之"名"不断地趋向于真正之"实"的"变通之机"；而正因我们理解了这一"变通之机"的存在根据，才能为我们进一步剖析嵇康所立之"措"与"不措"概念建设扎实的先决条件。

---

① 汤用彤.汤用彤学术论文集[C].北京：中华书局，1983：214—232.
② 嵇康.嵇康集校注（上册）[M].戴明扬，校注.北京：中华书局，2016：36.

第四章

"至"与"不至"的
盘互目的

通过进行《释私论》的文本细读，我们可以发现，嵇康在文中提出并勾勒了关于所谓"至"与"不至"二者之间的一种超然性的理想状态，实乃描绘这种理想状态以为其倡之"自然"所"正名"。而在论述这种"至"与"不至"当中，嵇康为了解何为真正的"至"状态与"不至"状态、又将如何具体实际达成等一系列问题，特意在前另设两组盘互型概念"是、非"与"善、不善"用以加强说明。因此，在实质上，理解"是、非"与"善、不善"两组概念的根本产生原因及依据则应归结到嵇康所谓"至"与"不至"的状态问题上来。也就是说，"是、非"与"善、不善"在某种程度上可以也应该被认为是"至"与"不至"的双重提法或另类表述。在嵇康这里，"是、非"与"善、不善"的设置已并非是为确立该概念原本固有的诸如儒家（伦理学范畴上的）所赋之含义而准备的，而是通过概念辨析的方式来澄清如何使其达成解决"至与不至"的有关目的论问题。故本书在此对二者便不再作其固有的伦理学范畴上的概念辨疑，而着重配合本书对于考察嵇康具体概念背后名实之间的关系性问题进行详加阐述。

第一节 "是、非"范畴解析

一、"是""非"的关系比较

嵇康《释私论》："重其名而贵其心，则是非之情，不得不显矣。是非必显，有善者无匿情之不是，有非者不加不公之大非。"[①] 我们可以看出，嵇康是在试图以"情"来化解或者消弭所谓"是、非"与"善、不善"的绝对对立，以使之趋向于或者过渡到某种和谐的"间"[②] 状态，即因"情"之存，故"是、非"必然为之显现。而真正之"有善者"则无需介怀是否同时存在"匿"的现象，真正"有非者"也不应加受不必要（"不公"）之"大非"于其上。这种"是、非"在根本上是已经"情"化了的，也就是演变

---

① 嵇康. 嵇康集校注（下册）[M]. 戴明扬，校注. 北京：中华书局，2016：403.
② 关于本书所提的这种"间"状态的理解问题，可参看本书后关于"中"部分的论述。

为一种"情"之"是、非",是一种审美化了的"是、非"。在这种"情"之"是、非"的观照和验证下,所得出的所谓"有善者与有非者"就也自然不能孤立地考察了。这样一来,嵇康实际上也是在进行某种关系上的调和,更确切地说是对于其内部的"名"与"实"之间固有对立关系的调和。嵇康设立这一"情"之二者,也是在侧面开始对于"实"进行了一定意义上的改造,使其不再单一地作为反对"名"的某种对立的"冰冷"(抽象)概念存在,而是为其附加了一种"人情"味,使其高度富有审美化特征,进而让名实关系缓步走向了"耦合"。但嵇康作出这种美学性的"耦合名、实"并不等于说就要取消二者界限,实则只是某种轻重或者取舍问题,此点本书后文将加详究。

刘劭《人物志》中云,"能出于材,材不同量,材能既殊,任政亦异。"[①]汤用彤先生在其《读〈人物志〉》一文中进而评价道,"察人物常失于奇尤。"[②]刘劭这种鉴别人物之所"奇尤"处恐怕正是一种对于"情"之"是、非"的客观承认。这种"奇尤"之人物之所以被"不得不"置于明面之上,很大程度上源于对名实关系中的"实"的目的化、现象化认识:"形名之学在校核名实,依实立名因以取士。然奇尤之人,则实质难知。"[③]因为其客观地存在"实质难知",所以就必然需要改造主观意识以配合这种实存现象,尤其在对名实关系的探讨上,如何辩证地把握一种"情"的尺寸,或者说如何将这种审美化观念恒定地代入进对于"是、非""善、不善"等概念(也是名实)中,就显得尤为"难知"。如汤先生评刘劭言,"尤妙之人含精于内,外无饰姿。尤虚之人,硕言瑰姿,内实乖反。前者实为超奇,后者只系常人。超奇者以内蕴不易测,常人以外异而误别。拔取奇尤,本可越序。但天下内有超奇之实者本少,外冒超奇之名者极多。故取士,与其越序,不如顺次。"[④]

对于品评人物,魏晋时已有所谓"才性之辨",目的就是通过辩净,对于上层如何取士,士子如何入仕的正确性、现实性问题进行多方的争论,从而可以得到对于何谓真正既"才"且"性"之人的一种共识。这种刘劭人物品鉴的探究从目的论角度来看,却与嵇康对于所谓"情"之

① 刘劭.人物志[M].刘昞,注.杨新平、张锴生,注译.郑州:中州古籍出版社,2018:105.
② 汤用彤.魏晋玄学论稿·增订版[M].上海:上海人民出版社,2015:91.
③ 汤用彤.魏晋玄学论稿·增订版[M].上海:上海人民出版社,2015:6.
④ 汤用彤.魏晋玄学论稿·增订版[M].上海:上海人民出版社,2015:6.

"是、非"及"善、不善"的评断有着异曲同工之效、异迹同趣之意。这种"超奇者之实"本就极少，但"冒超奇之名者"却甚多，这种"名不符实"的客观实际使对于评断真正的"奇尤"之士的衡量标准显得尤为"不公"，以致为了硬性调和，只得"与其越序，不如顺次"了。在嵇康看来，这种妥协绝非是从属其所认可的"情"之下的。当然，统治者是从社会维稳角度出发，是"纯客观"的，至少统治者代表了整个士族集团发声；作为嵇康本人，恰恰是代表了作为"常人"所相对的少数"超奇者"："超奇者"是"内蕴不易测"的。为了能够"拔取奇尤"之人，反对某种"以名碍实"的现象，从目的论角度看，这种"越序"做法（可以说是以"实"反"名"，以回应当时重名轻实的上层意识；同样也是对于名实——"名教"与"自然"关系的抽象化、浪漫化及审美化）自然就是被玄学之士认为理所应当的事情了，但"越序"因更多的是从人本身的个体角度出发的，所以这样一来就难免会倾向于个性审美或者某种概念"中和"了。

《人物志》言："凡人之质量中和最贵矣。中和之质必平淡无味，故能调成五材，变化应节。"[①] 当然刘劭此处所言"中"，已非片面地归置于所谓儒家传统所谓"允执其中"之"中庸"义，而是更多地在于从名实关系角度来陈述人之所为人，理之所为理（包括哲学概念）的灵活适宜的认知方式。这种"中和"带有着高度显性的玄学化、审美化特征，并借由儒家"中"之概念来重新审视和厘清对于人物评鉴（包括对于思想本身）的生成含义，其背后深刻的名实关系问题，也在不断牵连着对于如何理解"中和最贵"一义相关的直接解释。故汤用彤先生进一步说明，"平淡无名，不偏不倚，无适无莫，故能与万物相应，明照一切，不与一材同用好，故众材不失任（无名）。平淡而总达众材，故不以事自任（无为）。"[②] 这种"平淡"是相配以"中和"的，既不同用于"一材"，又可总括"众材"之用，只因其已然超然无适，不左不右，犹如佛家之"成菩提心"而入了"化境"，从而可以以一种"俯视姿态"来俯瞰所谓"材"与"不材"与"一材"与"众材"（即嵇康之"是、非"与"善、不善"）之间的同异，以达成"无名亦无所谓名"与"因无名，故可自在以任实"的人生境界观。

---

① 刘劭.人物志[M].刘昞,注.杨新平、张锴生,注译.郑州：中州古籍出版社，2018：33.

② 汤用彤.魏晋玄学论稿·增订版[M].上海：上海人民出版社，2015：18.

二、"辨"与"合"

我们要深入理解并解决"是、非"或"善、不善"概念间因何可以不成对立而反为互渗,因何能称之为有"情"之二者以及因何在目的论下二者的对立关系受到了一定程度上的影响等问题,就不得不应用到所谓"辨"。

《韩非子·难一》中云:"楚人有鬻楯与矛者,誉之曰:'吾楯之坚,物莫能陷也。'又誉其矛曰:'吾矛之利,于物无不陷也。'或曰:'以子之矛陷子之楯何如?'其人弗能应也。夫不可陷之楯与无不陷之矛,不可同世而立。今尧舜之不可两誉,矛楯之说也。"① 这是典型的矛盾律。通过"矛楯"辩难,我们可以看到甲"吾楯之坚"如果假定客观存在,那么乙"吾矛之利"随即为否;反之亦然。也就是说,两个矛盾前提若想成立,必不能同时为真。两种对立情况不能并立,既非双否,也非双肯,是既肯定又否定,从而在矛盾中达成妥协并得到发展。这其中便包含着一种深刻的对立统一的逻辑思辨性。在目的论视角下考察,则并非明确其中一项为错,而是两项不可同时正确。这种目的性的实存便扮演着推进矛盾双方命题"辨"性的角色,即必然通过墨子之所谓"推"且始终在这种"推"的过程中不可被证伪,以达成惠施之"连环不可解"的"合"之义。

又《吕氏春秋·君守》有载,"鲁鄙人遗宋元王闭,元王号令于国,有巧者皆来解闭,人莫之能解。儿说之弟子请往解之,乃能解其一,不能解其一,且曰:'非可解而我不能解也,固不可解也。'问之鲁鄙人,鄙人曰:'然,固不可解也,我为之而知其不可解也。今不为而知其不可解也,是巧于我。'故如儿说之弟子者,以"不解"解之也。"② 这里就涉及惠施所谓"历物十事"之"连环可解"的问题。常人者只可"能解其一,不能解其一",是因其陷于得出或"是"或"非",或"善"或"不善"的对立双向的连环中,而无复出焉。这种"辨"并非"明辨",而是一种"强辨"。就是因为其看不到对立项之间的关联,即"合"之所以能"合""情之是、非"之所以"必显"的内在根由正是二者自身的包容性、融合性及不斥性。其所得出的结论势必也会拘泥于概念("名")本身,是"以名乱实,为惑也"。而这也是没有看清名实双方并非绝对互斥:在目的论下,双

---

① 韩非.韩非子集解[M].王先慎,集解.北京:中华书局,2013:380—381.
② 吕不韦.吕氏春秋集释[M].许维遹,集释.梁运华,整理.北京:中华书局,2009:441.

方终须得一解,而这就促成了"合"思想的产生与概念性成立。这种"合"观念也在逻辑上("辨")为嵇康所谓"有善者无匿情之不是,有非者不加不公之大非"①之说的成立(即便这种成立可以但不限于美学意义)在目的论角度建立了名实关系方面的理论基础。而"以不解解之"的这一思想也对嵇康接下来从处于对名实关系的变动期过渡至重"实"轻"名"的定型期提供了另一种概念维度——以"由离转合"的态度得到名实关系之中只有轻重没有绝对的认识,而这种思想本身就已经高度内含了美学蕴意。

在惠施那里,所谓"同异"其实是有大小区分的,所谓"小同异"则是指"大同而与小同异",即"以'异'异之大小",也就是嵇康所谓"有措"(佛家谓"执")之言。这种"小同异"自然是出不来"情"的,出不来"自然"的,出不来美学性的,甚至出不来嵇康之"实"本质的。故此之一类"小同异"者必属于常人范畴,自不必说而必为嵇康所弃,但"大同异"则超于"小同异"之上而特显所谓"合"意、审美(审美化)意,即"万物毕同毕异"。这种"毕同毕异"本质上来说就是一种概念的联系性,并通过逻辑化抑或审美化表述予以呈现。越是"大同异"就越是标示一种不同于固有既定模式的认知层次,即打破壁垒,求以调和,于概念上作出一种整合效果。如此观照,则"天可与地卑""山亦可与泽平"了。确实,这种"大同异"已经颇有后期佛家之所谓"涅槃空"的大乘意义了,只是惠施专注于从逻辑概念角度对其进行简要单线的阐述,《庄子》中亦未能详尽保留,但从名实关系的角度来看,这种"大同异"概念的产生就标志了一种逐步向玄学式,美学式的概念解析从目的论角度得到了推演,而后至嵇康又有了抽象性的立论予以新诠。在当时,这种"大同异"与"小同异"已然产生分化,成为时下辩者所"辨"之近似或"是"或"非",或"善"或"不善"这样的两条相对的思想方向了。如《庄子·天下》所列之"辩者二十一事"中,既有从惠施"大同异"角度出发的诸如"犬可以为羊""狗非犬""郢有天下"等命题,也有从"小同异"思想出发之"鸡三足""火不热""卵有毛"等命题。此类"辩者"之"辨"皆对于名实关系问题的抽象概念性进行探讨:二者如何归置,究竟是"名应不符实"还是"名实各异",但无论何种,均是在与客观经验的"言"层基础上解析它的"意"层,故他们所论得之"实"也只能被《庄子·天下》的作者

① 嵇康.嵇康集校注(下册)[M].戴明扬,校注.北京:中华书局,2016:403.

们讥为"以反人之实"了。那么"辩者"论"辨"何为？

《墨辩·经上》有云："辩，争彼也。辩胜，当也……辩或谓之牛，或谓之非牛，是争彼也。是不俱当。不俱当，必或不当，不当若犬。"① 这里的"辩"与"辨"古义为同，而所"争"之"彼"则实际就是"牛与非牛"这样两组命题概念。这里的"当与不当"则可大概地理解为命题的"真或假"意。对于这样两组命题的"辨"或"争彼"就极为近似于嵇康对于有关"是与非""善与不善"概念问题的论证。同样是两组相对的绝对性概念，同样代表着两种"大同异"（审美化）与"小同异"（以名为实）的抽象联系性，都不约而同地指向作为对立双方的概念本身的关系角度问题，从何种角度看二者为"俱当"，何种为"不当"。当然，从"辩者"视角（逻辑推导上），"俱当"是不成立的：要么"只一当"，要么"俱不当"。进而衍化到名实关系上来则更为明晰，即只有或"名"，或"实"为第一性，或二者皆否而落入虚无。故有其所谓"彼，不两可，两不可也"。这样一来，我们从"辩者"角度就又可以很清楚地看出名实关系的必然走向，而这也是嵇康之于纯粹"辩者"之"辨"所根本相悖之处。因而恐怕在"辩者"眼中，嵇康这种"是非之情"的非矛盾性命题的立论，严格意义上就不能称为是因"辨"而得了（所谓"两也，无以相非也"）。对于"辩者"而言，是"将以明是非之分……明同异之处，察名实之理"② 的，而嵇康却在标识所谓"是、非"有"情"：即"非者"不应再加"大非"，"善者"也不无所谓"匿情"。诸如此类之谈在矛盾逻辑上就存有了一定出入，而这种出入便迫使其不断地将固有逻辑概念从"辨""名"转向了"辨""实"，从而不断生发其审美化意味。

而正是由于这种"辨"的影响下，为了得到对在矛盾律中"不俱当"双方的调和成立，嵇康亦作了必要让步，"无不是则善莫不得，无大非则莫过其非，乃所以救其非也，非徒尽善，亦所以厉不善也。"③ 这一"救"与"厉"义正是切中了嵇康对于矛盾之"辨""当不当"之义的回应点。而对于矛盾双方，嵇康显然采取了"柔和"措施，模糊了二者的绝对对立性，甚至取消了所谓"当与不当"的真假证明而使之服从于其内部名实关系主导下的玄学化、审美化结论。这样一来，借由"是""非"与"善""不善"两组概念的相互混同和柔性处理，在目的论的影响下，消

① 墨翟,谭戒甫.墨辩发微[M].北京:中华书局,1964:156.
② 墨翟,谭戒甫.墨辩发微[M].北京:中华书局,1964:410.
③ 嵇康.嵇康集校注(下册)[M].戴明扬,校注.北京:中华书局,2016:403.

解了二者作为命题概念本身的独立性与实证性,并亦步亦趋地向所谓"辨可不辨,不辨亦辨"的美学性命题领地挺近,得到了"善以尽善,非以救非,而况乎以是非之至者"的论断。此"是非之至者"本质上就是前文之矛盾双方,所谓"争"之"彼""胜"之"当"。嵇康要做的就是针对这种"彼"与这种"当"加以降解,取消"名辨",而入"实辨",使"彼"成为"不彼之彼",使"当"成为"不俱之当"。嵇康这种"实辨"从名实关系角度来说,也并不是完全意义上的"实"之抽象概念:至少从逻辑上,从纯粹性上都可以说明其已经被赋予了一种"不定",也就是"实"不再是我们逻辑的实际的"实",而转换为了意象的虚化的"实"。故而,这个"实"也就顺理成章地成为嵇康所标榜之"自然实"了。进一步地,嵇康便有意识地将"善之与不善"这样两方"物之至者"间的空间地带作以彻底意义化("成真"):即若论"当",非"善之与不善"为"当",实乃"二物之间所往者"为"当",是以"公成而私败"。

不过,嵇康立论也绝非自成一系,如"辩者"群体内部就有同类表述,如"辩者二十一事"中的"指不至,至不绝"一事也表达了这种观念。这种对于"至不绝"的认知很像嵇康将"物之至者"的双方进行破除之义,只不过"辩者"们强调的在于"至"之外延性,而嵇康则重在窥视"至"之"间"状态(内含)。这样,所谓真理就永不可被颠破,因其随时都处在被认识的过程当中。这样如"一尺之棰,日取其半,万世不竭"之说就亦有其深层的理论依托了。正因有了对矛盾概念双方的"当不当"问题的明确,才能继而为梳理"至与不至""二者之间"的状态问题作一刍荛之见。

第二节 "至""不至"范畴解析

一、"中人"之情

嵇康《释私论》道,"故物至而不移者寡,不至而在用者众。若资乎中人之体,运乎在用之质……值心而言,则言无不是;触情而行,则事遇不吉。"[①] 这里的"体"与"质",据戴明扬先生考证,在嵇康话语表述体系

---

① 嵇康.嵇康集校注(下册)[M].戴明扬,校注.北京:中华书局,2016:403.

中当属同义替换词,表达之理义亦当属一致;嵇康将所谓"中人"同"在用"对应了起来,说明其所设之"中人"概念是处在"至"与"不至"二者之间的状态产物,具有明显的能动性、实践性和取向性。关于玄学之所谓"体用"问题前文已有详述,这里不做多论。但嵇康又标明道,此一"中人"必然须得"值心",须得"触情",方可"言无不是",方可"事遇不吉"。我们要深入了解这组"至与不至"概念的内涵就先要取道了解何为"中人"。

《汉书·古今人表》言:"可以为善,可以为恶,是谓中人。"《论衡·本性》言:"人性善恶混者,中人也。"我们可以看出,讨论这种"中人"实质上就是讨论一种状态论的问题:"中人"的界定范畴为何? 我们又怎样作为"中人"存在? 这里值得注意的有两点:其一,我们按图索骥,以固有常识观(儒家中庸之"中")来认识"中人"之"中"就难免陷入故步自封的境地。以一概念或母概念来衡量他概念或类概念,由此视角,所得的结论就必然会造成对于作者所设立的原概念的误读和曲解,以致我们对于其整个逻辑哲学话语体系的失衡。我们知道,儒家"中庸"之"中"历来重在纲常伦理、典仪名教,讲求治国君臣守礼,为人父子恪德,所谓《中庸》之"喜怒哀乐未发之谓中"。这种儒"中"实乃"中正祥和"之气象境界之所"中",是一种礼制规范之仪态,为君为民之德行。这种"中"重在"循",非在"化"。诚然,嵇康在"破"前即"立",故其所举"中人"即意不在此。

其二,"中人"亦非经典之所云"圣人"。儒家讲求"超凡入圣""内圣外王",但嵇康尊老庄为师,显然是与其根本相悖的。而其即便纵有调和孔老二家之心,亦无可实作偏倚之论。也就是说,从本质上,"中人"并不可等同于所谓"圣人",甚至是与儒者所塑之"圣人"之道的相对面。"圣人""贵精",在少绝多,不允遑论;嵇康之"中人"则既有杨朱之"贵己"意,"取天下之为我";又有告子之所谓"非善非不善"(无所谓善,即无所谓不善)的认识辩证性一面。这种富于多重取向并存(既关注个体又重视矛盾)的社会性意义之"中人",就使实际之"中人"一类相较于"圣人"而言,"在多不在稀"了,即使"在用者"之数量以"众"标示。当然,嵇康的调和孔老之意已经跃然纸上,"物至而不移者寡"也正是一种对于"圣人"境界的曲高和寡或不易触及的标明。可无论从何种意识角度出发,嵇康之所以认为物果有其"至者"存在且这种"物之至者"(可与庄周之"至人"做意指关联,但非同一)是实存的,是不移的,是稳定的，甚至可以是绝对的（所谓"寡"）。而为何会在嵇康概念中产生"物之至者"这一情况？这恐怕还是脱离不开嵇康轻"名教"而不弃"名教"，尊庄老却不除儒圣的根本思想状态。这种"纠缠态"不仅适应了魏晋竹林名士由儒转而论玄并催之成风的这一思潮，并且又半推半就地裹挟着嵇康朝向美学领地（浪漫化）不断加以涉足。我们知道，嵇康即便设立一种"至"的概念，也必然要使这种"至而不移""情"化、审美化，这样才能回归到（不偏离）其对于"众"之"不至而在用"概念的终极诉求上来。既然这种"中人"所对之"圣人"（"寡之至者"）被嵇康所承认并确立，在某种程度上就很难排除其没有受到时下王弼所开"圣人有情"玄谈的影响，那么何为"圣人"？

《论语·雍也》中子贡问道，"如有博施于民而能济众，何如？可谓仁乎？"子曰："何事于仁，必也圣乎！"[1]从孔子角度，则已经在儒家视野下为"圣人"正了"名"，即"圣人"可"博施于民"，使"众得受所济"，此已经是符合儒家仁义礼法之"圣人"了。在此，"圣人"就是作为少数之"一"（或"体"）作用于众人之"多"（或"用"）而存在了。这里的"圣人"从一开始就是作为一种"用"的载体而生成的，并且是与其作用的对象物有着先天关联性的。也就是说，"圣人"并非是作为同现实世界的割裂面、绝对面而存在；相反，是一种"在用"的"不移"结果，是因"多"而得"一"，因"不至"而得"至"的因果物。虽然孔子并未明确赋予"圣人"以"情"，但这里的"圣人"显然是因"情"（"值心"）而为的，即便有其"名教"促使，也是有"情"之"名教"，而不能单方面地将其归置于所谓"礼法执行者"之身份使然。

这种"情"化圣人的出现实际上也是有着深刻的时代背景的。汤一介先生谈到，"至魏晋玄学产生后，几乎所有重要的玄学家都把'圣人'问题作为其讨论的重要内容之一，常赋予圣人的人格以新的品德，甚至把圣人老庄化，或者把儒家和道家的'圣人'的人格糅合在一起。"[2]儒家过重强调封建仪礼，日益累重，导致时人名士不堪所负，引起反感，进而转投老庄。而这同时又滋生了另一部分"道貌岸然者"假借这种儒家道德而大肆排除异己，使"名教"政治化、样板化、程式化。但问题又接踵而至，为何魏晋时人多专注于将"圣人"老庄化，而非老庄"圣人"化？

---

① 论语译注[M].杨伯峻，译注.北京：中华书局，2009：63—64.
② 汤一介.郭象与魏晋玄学[M].北京：中国人民大学出版社，2016：73.

这实质上,就涉及当时经由汉武采董子之策尊儒废百,使得儒家儒术大道通行近四百余年,使得君臣官民上下根性已种,实难拔消。所以在这种情况下,玄学之士(尤其正始与竹林者)诸如王弼、嵇康等人,就只得采取一种迂回的方式"以其手之酒杯来浇己心之块垒"了。关于这一点,王弼的表现较为突出。

何劭《王弼传》有载,"(徽)问弼曰:'夫无者诚万物之所资也,然圣人莫肯致言,而老子申之无已者何?'弼曰:'圣人体无,无又不可以训,故不说也。老子是有者也,故恒言无所不足。'"[①]表面上,王弼是在崇孔,说儒家之"圣人"贵在不言"无",因其已"体无",故高于老子之"言不足",但实际上却是在尊老。这是一种让步性地将"圣人"老庄化的具体表现,将"无"这种本体概念植入"圣人"的构建之中,使二者形成一种内部稳定的和谐状态。而王弼以这种"不可训"的"无"作为本体概念用来传达"圣人之莫肯致言"认识,也正是将"圣人"之"人"与"圣"二义区别开来。所谓"圣"者,即为"至而不移",是"寡"的,但又因"圣"概念必须依附于"人"实体之上才能现存,即是受"万物所资"的:所谓"寡"受"众"资。故这种高阁式的"道体"之"圣"又不可避免地携带了"人"性("情"性),从而使"圣人"有了"情"。"圣人"也因其能做到"体无",才可真正称之为"圣人"。

《世说新语·文学》有载,"僧意在瓦官寺中,王苟子来,与共语,便使其唱理。意谓王曰:'圣人有情不?'王曰:'无。'重问曰:'圣人如柱邪?'王曰:'如筹算,虽无情,运之者有情。'僧意云:'谁运圣人邪?'苟子不得答而去。"[②]这里面我们很难明断究竟是僧意为"当"还是王苟子,或许二者本无意"致言"而只在"辨",可见当时这种"明理"之辨是十分受名士热衷的。在王苟子同僧意的"通难"中主要探讨了"圣人有无情"的命题,且乍看下来,僧意主有情,王苟子主无情,但实则非也。如果王苟子确认"圣人必无情",那么就无所谓再有一"运之者"运之了;如若僧意执有情,则其应对于"谁运"之问作出明确解答。显然,双方均未明。在这种情况下,我们回看王苟子的回应,就发现这里实际包含着为确证"圣人"乃"圣"的不确定性了。他答道的"无"则很难说不是一种"无所谓有无"之意,在"圣"一面自然"无情";但在"人"一面却由

---

① 王弼.王弼集校释(下册)[M].楼宇烈,校释.北京:中华书局,1980:639.
② 刘义庆.世说新语[M].刘孝标,注.王根林,标点.上海:上海古籍出版社,2012:50.

所"运者"运之而"显情"。这"运者"则正为王弼之所言"无"本体，嵇康之所言"至而不移"者的概念。这样一来，"无"本体便同"圣人"产生了概念意义上的叠加，使得孔老二家达到了某种调节性的平衡感。如《庄子·德充符》所谓"无情者言人之不以好恶内伤其身，常因自然而不益生"一样，即便"无情"也是"自然"所致。也正是由于"圣人"受"运者"以显现，所以也是在本体论的基础上开辟出了对于正确理解该"运者"的认识论途径（关于此点，详见汤一介先生《魏晋玄学发展的历史》一文）。

魏晋时，何晏也主"圣人无情"，虽然该观点已不可详考，但大略是言"圣人"合乎"道体"，实谓纯粹之"一"，所以"圣人无喜怒哀乐之情"。何晏说："凡人任情，喜怒违理；颜回任道，怒不过分。"（《论语集解·雍也》）其说的就是有别于"圣人"之"凡人"有"情"而"任情"，这种对于"情"的"不制"导致了其"终违理"；"圣人"也有"情"，但可"克情"，合理合度。所以归根究底，"圣人"之"情"是绝不同于"凡人情"的；抑或说，"圣人"在根本上是独立于"凡人"之上的理性存有。当然，这在王弼、嵇康等人眼中自然是不予苟同的。

又何劭《王弼传》有载，"何晏以为圣人无喜怒哀乐，其论甚精，钟会等述之。弼与不同，以为圣人茂于人者神明也，同于人者五情也。神明茂，故能体冲和以通无；五情同，故不能无哀乐以应物。然则圣人之情，应物而无累于物者也。今以其无累，便谓不复应物，失之多矣。"[①]从上述可知，玄学初期内部具体思想上亦有自然分野。王弼同何晏看法不一的原因就在于他始终认为即使所谓"圣人"，也是因其较之凡人而言，在"同凡人五情"的基础上更具备和突出（"茂"）了些许"神明"而已。这种"神明"（能"体无"）就使其"应物"却"无累于物"，处于一种相对自在（嵇康之"至与不至"之间）的"所往"状态了。嵇康命之谓"中人"，非同于一般何晏之"无喜怒哀乐之圣人"，即使同于所谓"圣人"，所同于的也可只是王弼所命之"有情之圣人"，因而王弼才谓孔子哭颜回之"遇之不能无乐，丧之不能无哀"[②]。

故汤用彤先生才认为，"茂于神明乃谓圣人智慧自备。自备者谓不为不造，顺任自然，而常人之知，则殊类分析，有为而伪。夫学者有为，

① 王弼. 王弼集校释（下册）[M]. 楼宇烈，校释. 北京：中华书局，1980：640.
② 王弼. 王弼集校释（下册）[M]. 楼宇烈，校释. 北京：中华书局，1980：640.

故圣人神明,亦可谓非学而得,出乎自然。顾圣人岂仅神明出于自然耶,其五情亦自然……五情既亦自然而不可革,故圣人不能无情,盖可知也……感物而动为民之自然,圣自亦感物而有应,应物则有情之不同,哀乐者心性之动,所谓情也。"①

即便是身为"圣人"之孔子,亦难免言道"人不堪其忧,回也不改其乐"②,难免感慨"有恸乎?非夫人之为恸而谁为?"③正是由于王弼这种"圣人有情"思想的深刻影响,玄学之中故多奉行"情"化概念,以"情"覆盖传统之"名教",使之"不废而德合""自然",遂才有乐广尝谓"名教中自有乐地"一类说法的出现。"这种理想境界也并不需要在现实生活之外去寻找,而即应实现在现实社会生活之中,'名教'不仅应该而且必须是'天道自然'的体现。"④

二、"中"解"不至":"至"与"不至"间的"所往"趋势

《世说新语·文学》有载,"客问乐令'旨不至'者,乐亦不复剖析文句,直以麈尾柄确几曰;'至不?'客曰:'至。'乐因又举麈尾曰:'若至者,那得去?'于是客乃悟服。乐辞约而旨达,皆类此。"⑤此一"旨不至"即指前文中所论及"辩者二十一事"之"指不至,至不绝"一题,即言所谓发展的永续性与无限性是事物的根本存在规律。诚然,所谓"不移"亦非绝对不移,稽康所表达的则侧重于其"寡"义,即得"至"之"名"实为难事,如同真正达成儒家之"中"之境界者绝非凡人亦然。如乐公所示,"至"之尾柄实则有"不至"之余尾,这表示着"至"之后亦会有"不至"之处,所谓"不至"亦非截然与"至"分道而行,这也是事物的相对性原理。任何事物均是可以在一定条件下予以转化互换的,任何绝对之中仍旧有着相对之处,反之亦成。这也恰恰说明了,诉求"至"抑或"不至",无论何处,这种诉求行为均处于所谓"两端"。这样只会将思维囿限于"端之内"而"出不得",这样所得之状态实非为"善"。

故王弼注《老子·二十八章》曰:"以善为师,不善为资,移风易俗,

① 汤用彤.魏晋玄学论稿·增订版[M].上海:上海人民出版社,2015:63.
② 论语译注[M].杨伯峻,译注.北京:中华书局,2009:58.
③ 论语译注[M].杨伯峻,译注.北京:中华书局,2009:111.
④ 汤一介.郭象与魏晋玄学[M].北京:中国人民大学出版社,2016:113.
⑤ 刘义庆.世说新语[M].刘孝标,注.王根林,标点.上海:上海古籍出版社,2012:42.

复使归于一也。"① 这种圆融无碍之态亦颇具佛家贤首宗之所谓"一即一切"之理。当然,对于原命题"指不至"之中的"指"义显然仍有可再商榷的余地,比如在公孙龙《指物论》中就把所谓"指"划分为所谓"(物)指"(具象义)、"非指"(抽象义)、"天下无指"(本体义)三类。这里的"指"无论为何类,均为"名之所指",是"名"指示其本体之作用效果。这样一来,"指"就可以代替"名"而行使其意义。也就是说,"指"可以在某种意义上近同于"名"。所谓"指不至"之于事物本身,即是变成了胡适先生之"我们的知识其实只到物的'指',并不到物的本体。即使能更进一层,也是枉然,终不能直知物的本体"② 一说了。也就是在名实关系上,"名"是无法完全表示其"实"的。当然关于"指"的问题不是本书所要讨论的命题重点,但借助"指"却可帮助我们对于"中"的理解有着更加多维的认知角度。正因如此,我们则更加需要认识如何使二者之间的"所往"状态以为己用("在用"):其重在"不执"于"中"而自得乎中。

关于此点,贺昌群所言甚是:"今若以'中'对两端而言,则'中'实为两端之极,自为两端,而非'中'矣。'中'之时位,在两端之间即处处是'中',亦处处非'中',故曰'空空如也'。然则,'中'非一点一面,乃一种境界。处处非'中',无也;处处即'中',有也。有无双遣,'中'之境界得矣。"③ 这里贺昌群自然是有着标榜儒道(言"有无"与言"中")双方之含义实乃其目的的,对此先抛开不谈;之于正确理解儒家"中"概念本身,则会让我们理解"至"与"不至"、理解何为"不移"、何为"在用"以及理解"名"之于"实"等问题有着较为明朗的启示意义。具体回到我们要讨论的"至"与"不至"问题上来,对于理解"至"与"不至",以致理解嵇康之所言二者间的"所往"状态,还应有作进一步辨别的必要。

前文已述,所谓"至"即是接续指向着"不至"的,"至"是一种绝对孤立,是代表凝固态而存在,是"中"之"两端"位置,故则"不移"。而如果以固态的或静止的绝对论视角来考察,则"至"与"不至"似乎稍有出入。即其乍看为所谓"中"之两端者,但实际不然;若从运动发展的视角来观测,则会得到"至"即为"至"者(物之"两端"处),而"不至"作为用以区别"至"之相对属性而永续被包含于(区别于)两"至"之间

① 王弼. 王弼集校释(上册)[M]. 楼宇烈,校释. 北京:中华书局,1980:75.
② 胡适. 惠施公孙龙之名学[M]. 太原:山西人民出版社,2015:44.
③ 贺昌群. 魏晋清谈思想初论[M]. 北京:商务印书馆,2011:74.

(或之外),且永不至"至",最终演化成为一种状态("所往")。

《庄子·天下》:"我知天下之中央,燕之北,越之南是也。"① 古人坐位之南北与今为反,可知其所知之"天下中央"实乃区区一燕越之腹,实则坐井观天,以我观我。将所谓"我知"之"中央"概念悬置起来,成为一种绝对标准进而去衡量他者之"中央",故如此一来所得的"中"则必然只是"区域中""个别中",绝非本体意义上的"普遍中"。概究其,乃未能参透事物相对原理:任何事物所居之位置均是依据各自的参考坐标系而确认,没有所谓绝对之"中"存在(在逻辑上)。冯友兰先生批评道,"然人犹执中国为世界之中,以燕之南、越之北为中国之中央,复又中国之中央为天下之中央,此真《秋水篇》所谓井蛙之见也。"②

而此"中"义中又先天隐含有某种否定性,诸如前文所引之"喜怒哀乐未发谓之中"之"未"说,又如"诚者,不勉而中,不思而得"之"不"等,皆表明"中"概念中留有作为区别绝对性之相对性原理存在。这种具备否定义之"中"对应绝对义之"至"就颇为显著了。因此,我们完全可以通过了解"中"进而了解所谓"不至",又通过"不至"进而了解"不至"之状态。

刘孝标注上引之文,"一息不留,忽离生灭,故飞鸟之影,莫见其移,驰车之轮,曾不掩地,是以'去'不去矣,庸有'至'乎? '至'不至矣,庸有'去'乎? 然则,前'至'不异后'至','至'名所以生;前'去'不异后'去','去'名所以立。今既无'去'矣,而'去'者岂非假哉,既为假矣,而'至'至岂实哉?"③ 此语一出,算是给"至"与"不至"二者之间的关系定了性。所谓"至"之"名"之"得成"则在"至"概念同于"不至"概念;而我们又知道,抽象逻辑中的"至"的极点是永不可及的。这样一来,其"名"便为假,其"实"亦不实。由刘孝标之注,我们可以很自然地由针对"至"与"不至"二者的状态问题过渡到推导其背后所蕴藏着的内在名实关系问题上来。

《墨辩·经上》云:"穷,或(域)有(又)前不容尺也。"《墨辩·经说上》云:"穷或(域)不容尺有穷,莫不容尺无穷也。"④ 这里"尺"具体指

① 王叔岷.庄子校诠(下)[M].北京:中华书局,2007:1348.
② 冯友兰.中国哲学史(上册)[M].北京:中华书局,2014:213.
③ 刘义庆.世说新语[M].刘孝标,注.王根林,标点.上海:上海古籍出版社,2012:42.
④ 墨翟,谭戒甫.墨辩发微[M].北京:中华书局,1964:121.

线条含义，"有穷"即是说地域无论如何向前也已容不下一条线；"无穷"反之。通过对比，可知由二者的"名"所定义的二者的"实"是截然相反的。《墨辩》通过"辨"亦探讨出：所谓"有穷"是针对于"无穷"作为概念（"名"）的某种对立面而存在的；而由于这种"名"（概念性）的"相对"，进而导致了"有穷"与"无穷"在概念性的所属意义上（"实"）的"相悖"。当然，这种由"名"所"辨"得的"实"已然是因"名"而存的，故此"实"为"名"之"实"，也就是"概念实"。此处便证得了所谓"实"完全可以在其抽象意义的状态上得到成立，使"至"永远"不至"，"不至"永远趋近"至"。所谓"至"之"名"则是相对于"不至"之"实"而存在的，即因有"不至"之"实性"作趋近运动，才使得"至"之"名"成为一种"极端"与"不移"，并永不获得现实之"实"；反之，所谓"不至"之"名"则是相对于"至"之"实"而存在的，即因有"至"之"实性"确立而不易，才使得"不至"之"名"获得了一种逻辑正确并不断"在用"，且形成某种抽象的"所往状态"。正是由于这种"所往状态"的迫使，让"实""名"化了，即生成了一种"情"性（美学性），使"实"不再纯粹，而造成"失实效果"（失去本来之"实"）。这样就跳脱出目的论的框架，而于状态论上使"情"化之"实"（"实"的不纯粹性）得到了一种逻辑验证，同时也为后续嵇康开始着手于方法论角度上对名实关系问题作出进一步研究铺平了道路。

第五章

"二义"与"绝美"：一种
"君子"式人生观

嵇康在《释私论》文末特以第五伦为其论所谓"君子"的典型形象加以描述，其言道："抱一而无措，则无私无非。兼有二义，乃为绝美耳。"① 这里嵇康将第五伦之所惑"吾子有疾，则终朝不往视，通夜不得眠；吾兄子有疾，则反寐自安"为例，对所谓何为"公私之理"再次进行论述说明。他认为，"第五伦有非而能显，不可谓不公；所谓是(示)非，不可谓有措。有非而谓私，不可谓不惑公私之理"②。这就很明显地昭示出嵇康对于所谓"公私"概念的辩证性认识，也就是如其自己所言之"兼其二义"。当然，这种"兼"显然不是纯粹抽象逻辑上的概念拼贴，而是有其鲜明的存在意义：以至"绝美"之人生境界。嵇康在这种人生境界的牵引下，就不得不使得其概念的逻辑化最终让步于审美化，以让"常人"之"情"所使然之一切行为活动结果得以被理论概念所接纳、所认同，而于一种人生观意义上终究达成某种微妙平衡。

第五伦虽然对其子与其兄之子的态度上存有差异，并显然更偏重于其亲子，但这种"偏重"是否就应该被认定为"其有私"？嵇康的观点则是："不可因其有非(与所谓既定之"名"构成冲突之处)而谓私"。也就是说，只要是真实地"显"出了"情"(此"情"即为嵇康所终极诉求之"自然实")，而诸多由"情"所衍生、所流露之表现则应均属于本书前文所论及的整体性概念意义下之"公私之理"中所包含着的，即是"有情可原"的。正因为其"有情可原"，所以即便是有了某种"非"，也不应认为是"不公"的。这一切理论之能成立，嵇康所赋予其之能的理由便是"显情"二字，从而就使得这种"公私之理"的这种"名"在名实关系角度下必然服从于"显情"的这种"实"了。能做到此者，如第五伦之类(能"显情"者)，即可谓真君子了。无论"公"也好，"私"也罢，其自身均带有某种主观的情感倾向性，这样就势必会对具体评判客观"之理"造成偏移，影响结论。具体落实到个体身上，即是在由"常人"朝向"君子"进化的过程中，难以清晰地展现其立论的"正确性"。故嵇康在评定具体君子形象的问题上，则继续秉承其"任自然"等一系列概念作以理论基底，而后继续打破二者之间所固有之壁垒障碍，试图将二者加以某种形式的概念整合(调和)，而这种整合(调和)在君子形象上则突出地被表现为一种人生观意义上的审美化("绝美")特征。

① 嵇康.嵇康集校注(下册)[M].戴明扬,校注.北京：中华书局,2016：406.
② 嵇康.嵇康集校注(下册)[M].戴明扬,校注.北京：中华书局,2016：406.

第一节 "无措"范畴的"弃名"实质

《释私论》云："夫言无措者,不齐于必尽也;言多吝者,不具于不言而已也。故多吝有非,无措有是。"①嵇康以"不齐于必尽"来形容所谓"无措",实际上就是承袭着本书在前面所列图表中所示的其所匹配之"任"这一总方法而加以另行表述的。所谓"不齐于"即有"不必于"或"不执于""不囿于"以及"不受困于"等含义;所谓"必尽"则如前文本书所论所谓"中"之"两端",是一切主体之所"措";亦是"名之执",是一种"极名""受名"(受制于"名教")的表现。既然这种"必尽之名"视"情"为必然对立,故在嵇康那里,是须予以"弃"的。当然,在这种"无措"思想的指引下,魏晋玄学背景下的名实二者关系也就必然会发生某种化学反应,而不单单仅限于类似原有名家之以传统"对应观"来谈论了。

汤一介先生谈道："'名'往往是表现'应然'(应该如此),并不一定是'实然'(实际如此)。如'应该如何'的'名分'搞清楚了,就是说对此事物的'道理'才能搞清。"②这种"应然"的观念植入进名实关系之中,则显然于无形间已将其带向了美学领地(对名实有着不可确定的且富于浪漫化的某种超越性),而对"多吝"的讨论,实际也是在对"无措"进行着某种程度上的补充。嵇康认为"多吝者"并非完全"不言"("匿情"),而是"吝"得不彻底,"吝"得不"显情"。这种"常人"之所谓"多吝"就相较于这种在"必尽"基础上又可做到所谓"不齐"的"无措"来说,自然就落了下乘了,故嵇康认为"多吝"还是"有非"的。对比之下,不如"无措"之"有是",也就是指,"多吝之常人"(也理解为伪君子)自不能与"君子"所并立。当然,嵇康提出"无措"在人生观意义上,是针对"是非"(冲突与和谐的客观相对状态)而言的,这样所谓"无措"就必然也是"无非"

---

① 嵇康.嵇康集校注(下册)[M].戴明扬,校注.北京:中华书局,2016:406.
② 汤一介.郭象与魏晋玄学[M].北京:中国人民大学出版社,2016:49.

的，即是无所谓"非与不非"的，是完全跳脱于该者的束缚而可独立升至的人格化的概念境界的。那么具象到"君子"上，嵇康之所谓"君子"概念（形象）又究竟应如何理解？本书试析之。

《论语·里仁》："君子无终食之间违仁，造次必于是，颠沛必于是。"① 《周易·乾》："九三，君子终日乾乾，夕惕若厉，无咎。"② 王弼《论语释疑》中有云："德合君物，皆称君子，有德者之通称。"③ 我们知道在孔子之前，所谓君子，是区别于小人而被讨论的，是作为一种社会等级地位的象征而被实践的。如所谓《尚书·虞书·大禹谟》之"君子在野，小人在位"之说，此点后续本书仍会详谈，但发展到了孔子，所谓"君子"就明显意指化了，人格化了：即孔子将其赋予了高度的"德性"（"仁"），使其独立为一种人生观意义概念。鉴于孔子路线沿袭往下，后世诸多有关"君子"概念的阐发就多集中于其"理想人格"的问题上：即如何描述"君子"的具体形象。在孔子那里，君子的形象是极具理想化的，甚至是完美人格的代表，是富含多种表征的。

诸如君子各有其道，"君子之道者三，我无能焉。仁者不忧、知者不惑、勇者不惧。"④（《论语·宪问》）君子不仅有仁，更须有勇："子路曰：'君子尚勇乎'？子曰：'君子义以为上。君子有勇而无义为乱。'"⑤（《论语·阳货》）君子亦有其独特之"乐趣"，如孔子赞颜渊："贤哉回也！一箪食，一瓢饮，在陋巷，人不堪其忧，回也不改其乐。贤哉回也！"⑥（《论语·雍也》）君子也须有艺："质胜文则野，文胜质则史。文质彬彬，然后君子。"⑦（《论语·雍也》）

也正因孔子儒家这种"仁"化了的"君子"意识深入骨髓，故使得后人在讨论君子形象的构成之时就更多地关注于其所具有的"仁性"问题之上，也就是以这种孔子之"仁性"君子为根基要义不动，再于其上叠加层层新义。而这种君子概念探讨"模式"的形成，也就直接影响了后续论家所论到的具体"君子"形象构成了。

孔子论君子，当以仁义为先。到了嵇康这里，则将其抽象化、概念

---

① 论语译注 [M].杨伯峻,译注.北京：中华书局,2009：35.
② 王弼.王弼集校释（上册）[M].楼宇烈,校释.北京：中华书局,1980：211.
③ 王弼.王弼集校释（下册）[M].楼宇烈,校释.北京：中华书局,1980：624.
④ 论语译注 [M].杨伯峻,译注.北京：中华书局,2009：153.
⑤ 论语译注 [M].杨伯峻,译注.北京：中华书局,2009：188.
⑥ 论语译注 [M].杨伯峻,译注.北京：中华书局,2009：58.
⑦ 论语译注 [M].杨伯峻,译注.北京：中华书局,2009：60.

化,突出孔子式"君子"概念背后的诸"变"均须先有所"不变"之理(以仁义唯先),着重于从名实关系角度对"君子"形象进行概念性(美学性)深掘,以嵇康式的话语体系构成其独特的嵇康式的"君子"形象。这样看来,在构建所谓"君子型"的理想人格的人生观层面上,嵇康始终没有抛却传统儒家之"君子"的"基底"形象(前文已论,其一直都在对儒道二家进行某种调和)。也正因是调和二家,故嵇康则更重视在现实人格的基础上对"君子"进行"理想性"("自然"化)超越或改造。具体到"措"概念之上,则立"无措"为"君子"之理想;在名实关系角度,则以"弃名任实"("越名教任自然")为"君子"之理想;在美学性层面上,则以"兼有二义,乃为绝美"为"君子"之理想,是谓"绝美"之"君子"。

在葛洪《抱朴子·诘鲍》中记载的鲍敬言所谓《无君论》思想就继承嵇康之论并予以了更为猛烈的展示。在魏晋时期,这种"展示"(即"反君制")的纯粹与彻底实属不易。虽系为理想构想,甚至沦为空想而不切实际,但实是作为当下"强权反抗者"之先声而存在的,并且对名士阶层也产生了较为强烈的震动。当然,本书认为,理解鲍敬言之"无君"想必会为我们思考嵇康之"无措"的"无"义提供更加深广的认识维度。

鲍敬言首先认为原始社会是一种纯粹的"真实自然":"曩古之世,无君无臣,穿井而饮,耕田而食,日出而作,日入而息。泛然不系,恢尔自得,不竞不营,无荣无辱……纯白在胸,机心不生。"①也就是说,没有君主,没有政府,没有制度,没有徭赋,没有欺压,没有凌弱,没有刑典,没有战火,原始之人民依此就可安乐自在。正因有阶级社会的产生,人民的"乐"之"实"也就随之幻灭。他认为人民的生活本来已然艰苦,"人之生也,衣食已剧。"②而加之国家机器的无"情"剥削便予以彻底反抗。

当然,鲍敬言这种"无君"思想也是旨在反对儒家为维稳而积极倡导所谓"君制"之"名教"而提出的。这一方面是由于其无法做到如嵇康所谓"调和"以致"弃而不废,而忘之任之"的人生观态度;另一方面,则是因其将所谓"自然"概念彻底理想化,甚至空想化所导致。其无法做到如嵇康进行的近乎体系性的概念逻辑思辨,导致这种"无君"思想终究无法成为现实,其所论之"自然"亦不可避免地终究留于纸上。但

---

① 葛洪.抱朴子外篇校笺(下)[M].杨明照,校笺.北京:中华书局,1997:498.499.
② 葛洪.抱朴子外篇校笺(下)[M].杨明照,校笺.北京:中华书局,1997:566.

究其"彻底性"而言，却与嵇康所诉求之"无措"有着高度的类同感。嵇康毕其一生所"求"的"为措之道"，也在鲍敬言这里以一种彻底性的"无君"反抗得到了一种概念性的继承与发挥。所谓"纯白在胸"之"纯白"也正是指代一种嵇康之所谓"不变"的"是""善""心""自性"以及"自然"（也是一种"实"）。"机心不生"也正说明着嵇康所否定的诸如"非""不善""有私""措"等概念可以因其得到涤清和整合（即"以名举实"）。

综上，在概念意义上，这是一种方法论，更是一种人生观。诚如梁漱溟先生在其《究元决疑论》中对类似嵇康式"君子"作如下表述："我常说凡夫究元，非藉正法，不得穷了。所以者何？亡其觉故，云何而得穷了？要待穷了，须得证得。世有勇猛大心之士，不应甘于劣小也。"[①]梁先生从证得"真如"佛法要义上来探讨所谓"凡夫"与"勇猛大心之士"的差异，实际上也正同于嵇康所苦求跳脱"常人"而入"君子"之论。所谓为"究元"而"正法"后的"不得穷了"，恐怕也正是嵇康之所谓：于"措"而"为措"乃后"无措"。所终"证得"此"穷了"之义的，也非作为理想人格体现的"君子"形象莫属了。在名实关系上，"不应甘于劣小"恐怕也只得"弃名而任实"了。这种"亡其觉故"而"不得穷了"（"不变"之"理想自然"）之"正法"究竟为何？在嵇康那里，就"君子"形象而言，则就应被理解为所谓"抱一"之说了。

第二节 "抱一""显情""任实"

《释私论》云："今第五伦显情，是无私也；矜往不眠，是有非也。无私而有非者，无措之志也……然无措之所以有是，以志无所尚，心无所欲，达乎大道之情，动以自然，则无道以至非也。"[②]由论可知，所谓"抱一"是作为"无措之志"而存在（被确立）的，是紧扣（针对于）嵇康《释私论》之所谓"释私"这一题眼（总概念）而存在的。所谓"抱一"，《老子》

---

① 梁漱溟.究元决疑论[M].太原：山西人民出版社，2015：13.
② 嵇康.嵇康集校注（下册）[M].戴明扬，校注.北京：中华书局，2016：406.

有云："是以圣人抱一，以为天下式。"① 这种"抱一"之"一"则很大程度上是贴近于本书前文所论王弼大衍义之"其一不用"之"一"的，也是就一种概念的本体论性质来讨论和生发的。而正由于这种"为天下式"（不可变动之范式）之"一"之主体性是以宏观概念的形式存在的，才使得具体之人事（"君子"形象的构成）在"显情"方面得到了一种理论概念的寄托，从而于概念性上予以成立。而"君子"由于"抱一"，对同一事物其可挣脱"常人常理"之束缚，在"显情"前提下将"常人之谓私""变通"为"君子"之谓"无私"。当然这种"无私"并非不私，而是无所谓私与不私，是打破"私"概念整体中的各个部分之间的对立状态，将绝对变为相对，从而达到对"私"的概念超越以至俯视境界。

而在人生观（境界）意义上，这种由"抱一"以致的"无私"被嵇康诠释为一种"释私"义。这种"释"的概念显然是带有彻底性的，是"否定之否定"的，是一种真正地在对"名"进行"弃"后对"实"进行"任"的，是强调一种"君子"式的审美意义的。在达成"释私"（"抱一"）之后，便应不再以"常人常理"的单纯"是非观"视角来看待同一个问题了：即便因"矜往不眠"而"有非"，但其也是被包含于所谓"志"之中的；也正是因为既"有非"但"无私"，才能达到一种"抱一"的境界。这里也标示了该境界内实际具有一种超越性：即包容性、广延性、全面性、不绝对性，又即"中"性、"不执"性以及"自然"性之类的"人的觉醒"②。也正由于近似这种"抱一"思想对嵇康等玄学名士的深入根植，才使得时人之人生观同既往发生了本质的转变。对于所难弃之政治实际"名教"，"然既旨在得意，自指心神之超然无累。如心神远举，则亦不必故意忽忘形骸。读书须视玄理之所在，不必拘于文句。行事当求风神之萧朗，不必泥于形迹。"③

在名实关系角度上，所谓"无措"实际就是为了"弃名"的（以达到对"常名"之超越），即是在"名"这一层面上来探讨的；而"抱一"的提出，旨趣则在人生观意义上继续深化"无措"，即让"无措"从"名"的层面上上升至"实"并"任实"。当然，这里探讨的"无措"也好，"抱一"也罢，已经不再限于单纯就名实关系作单向的概念辩疑了（即解答"名是否符其实"之类的纯粹抽象性问题），而是对其整体进行一种"审美化清洗"，

---

① 王弼. 王弼集校释（上册）[M]. 楼宇烈，校释. 北京：中华书局，1980：56.
② 李泽厚. 美的历程[M]. 上海：三联书店，2009：90.
③ 汤用彤. 魏晋玄学论稿·增订版[M]. 上海：上海人民出版社，2015：34.

使其作为一种整体概念,上升至某种人生境界。在这种宏观视角下被再次予以观照,以完成对其概念抽象性本身的全盘超越,即从不重名实而到重"弃、任"。这样一来,名实关系的人生观意义就鲜明地得到了展现,这就是一种所谓"人的觉醒"。从而也很好地回应了"无措之所以有是"的疑惑,因其在于"志('抱一')无所尚,心无所欲",并且更重要的是其能真正"达乎大道之情,动以自然"。所以,在这种人生境界的层面上来重新审视,就自然"无道以至非"了。

在儒家论及"君子"形象的同时,也时常将作为其对立面的"小人"一并加以对比分析,如《论语·颜渊》言:"君子成人之美,不成人之恶;小人反是。"① 诸如此类论述均以"君子小人"对比,以小人之恶衬托君子之善,而这对于建构所谓"君子"形象来说,也起到了显著的促进作用,但这实质上仍旧没有完全脱离开所谓阶级地位的囿限,且过度地显露出论者的儒家"君臣"式的主观绝对的意图倾向。如《中庸》曰:"君子中庸,小人反中庸。君子之中庸也,君子而时中;小人之中庸也,小人而无忌惮也。"这自然是应该被予以辩证看待的,至少在人生观意义上来讲,"君子"即便是作为"小人"的对立,也还是有其境界意义的。当然,在具体论及"君子"形象之时,《释私论》也继承性地采用了本书前文所论之墨家"类"比方式,即将"君子"作为"小人"的对立面而进一步展开探讨。

《释私论》言:"是故言君子,则以无措为主,以通物为美。言小人,则以匿情为非,以违道为阙(缺)。"② 很明显,嵇康是以贬斥小人来褒扬君子的。而这里的"小人",则已经完全作为"君子"的反面而被加以绝对批判;"君子"所具之"显情"在"小人"那里,成为"匿情而不显","君子"所体之"为措之道"在"小人"那里进而成"违道为阙"。这样一来,"小人"则必然无法做到"弃名任实",更不可具备"抱一无措"之人生境界,故"小人"作为反面概念,就反推出了嵇康所谓"君子"正面概念的存在合理性与正确性。我们在反观"小人"的同时,也就在不断地加深对于所谓嵇康式"君子"形象的全面认识。在"抱一"这种境界之中,一切对于嵇康式"君子"形象的构成探讨都显然(不得不)审美化了,"自然"化了。就拿嵇康本人来说,也正是自身践行了一番"君子"模式。

---

① 论语译注 [M].杨伯峻,译注.北京:中华书局,2009:127.
② 嵇康.嵇康集校注(下册)[M].戴明扬,校注.北京:中华书局,2016:402.

《世说新语·容止》有载："嵇康身长七尺八寸,风姿特秀。见者叹曰：'萧萧肃肃,爽朗清举。'或云：'肃肃如松下风,高而徐行。'山公曰：'嵇叔夜之为人也,岩岩若孤松之独立；其醉也,傀俄若玉山之将崩。'"①嵇康本人就完美地诠释了这种"抱一而无措"之于"君子"的形象体现。他不加过饰,完全自然本真面目,但其举手投足与眉宇之间总具名士之状,毫无半点枯槁之感。这种名士风范,就正在证明着这种"抱一"之"自然",证明着"君子"之"释私",乃至"君子"之可"显情"②以及终为"绝美"之"君子"。

嵇康亦是亲身将这种"绝美"之人生之境界深化至人生境界之上,如其所作《四言诗十一首·其一》："淡淡流水,沦胥而逝。泛泛柏舟,载浮载滞。微啸清风,鼓檝容裔。放棹投竿,优游卒岁。"③全诗所渲染之意境已然生动活现。这种人生境界必然需要一颗"抱一"式的"审美心灵"方能感悟与融会,这种"淡淡流水"也正是嵇康式"理想君子"形象的"悲剧性写照"。恐怕也正是由于嵇康这种"情至而非其本"的人生心态,致使其始终无法彻底从本体论层面上真正做到如王弼之能"体无"。对于名实,他亦尽可能地做到"名实不予对立,而只弃、任"；对于"是、非"等概念,他一面坚持"以非救非",另一面也妥协于"类是非是,似非非非"这样的"两可"之举。对于"名教"的沉疴,明知其必然流毒,但亦无可奈何,只得以"越其而任",迂回地朝向自我理想之"自然"。这些不得不说,正是嵇康之为嵇康的内在悲剧原因。

罗宗强先生言道："嵇康的人生悲剧,也可以说是玄学理论自身的悲剧：从现实需要中产生而脱离现实,最后终于为现实所抛弃。"④这种悲剧于君子放棹投竿之中,静静品味这些世间沉浮,多少名利也皆化于这"淡淡流水"之中而随波逝去了。所谓"名教"同"自然",所谓"是"同"非",所谓"公"同"私",所谓"善"同"不善",所谓"措"与"不措",所谓"君子"与"小人",所谓"现实"与"理想",所谓"他者"与"自我"等等之间的关系孰重孰轻在这里已然显得不再重要。在"一俯一仰"的"体无"之间,为"君子"者则真的做到了"释私",做到了"抱一",做到了

---

① 刘义庆.世说新语[M].刘孝标,注.王根林,标点.上海：上海古籍出版社,2012：125.
② 关于魏晋名士所谓"君子"之"情"的美学性阐释,可具体参阅李泽厚.华夏美学·美在深情.上海：三联书店,2008：139—147.
③ 嵇康.嵇康集校注(上册)[M].戴明扬,校注.北京：中华书局,2016：126.
④ 罗宗强.玄学与魏晋士人心态[M].天津：天津教育出版社,2012：104.

"无措"，做到了"任实"。如李泽厚所言："在表面看似乎是如此颓废、悲观、消极的感叹中，深藏着的恰恰是它的反面，是对人生、生命、命运、生活的强烈的欲求和留恋……只有人必然要死，才是真的，只有短促的人生中总充满那么多的生离死别哀伤不幸才是真的。"①

又《释私论》言道："……君子之行贤也，不察于有度而后行也。任心无邪，不议于善而后正也。显情无措，不论于是而后为也。是故傲然忘贤，而贤与度会；忽然任心，而心与善遇；倘然无措，而事与是俱也。"② 这种"兼二义"之思想（亦可以说是其所谓理想）是嵇康的逻辑概念，是嵇康的人生观，是嵇康《释私论》数项盘互概念背后内含的美学价值，也更是嵇康之所谓"绝美"之"君子"。在"君子"身上，始终在体现着既"为措"又"无措"，既"是"又"非"，既"善"又"不善"，既"公"又"私"，既"无私"又"释私"，既"离"又"合"，既"名教"又"自然"，既"名"又"实"等诸如此类的"兼"的概念性意识。也正因这种"兼"意识的存在，并一直伴随着嵇康不断深入对于其所确立的概念之本体的认识，而最后走上对其予以主体性超越的道路："不以爱之而苟善，不以恶之而苟非。心无所矜，而情无所系，体清神正，而是非允当。"③ 这是嵇康的理想世界，是其毕求之"任自然"之"实"义，也是其美学理想的真正归宿。如此境界，如此人生；如此自在，如此跳脱；如此来去，如此和谐。在嵇康所建构的主体世界内，原本的抽象概念仍在不断地被赋予着人生境界意义，至于美学价值，也就于其中自然得到了衍生。

① 李泽厚.美的历程［M］.上海：三联书店，2009：92.
② 嵇康.嵇康集校注（下册）［M］.戴明扬，校注.北京：中华书局，2016：403.
③ 嵇康.嵇康集校注（下册）［M］.戴明扬，校注.北京：中华书局，2016：405.

结　语

　　嵇康是曹魏及后来由司马氏控制下的竹林名士之中的先锋者,虽身处客观政治环境却始终不堕于政治,不沾染权斗操纵。嵇康追求高度的个体精神世界,是一个特立独行的时代先驱者和大异俗旧的时代殉道者。本书之所以将研究对象选定于嵇康《释私论》文本的数组范畴及其与名实问题之间的关系上,目的就在于通过对大量范畴本身的思考,试图深掘嵇康思想及其《释私论》文本中的理论意义与美学价值;同时,本书又以嵇康范畴为例,深入探究其背后所蕴藏的名实关系情况,即更加明确地帮助还原出了所谓"名实之辨"的初始内涵和审美意义。也正是这些内藏的观点以及范畴的存在与被彰显,才使得嵇康所论显得更加幽渺而富有意味。

　　众所周知,嵇康本人在中国文化史上的定位是一名音乐家与思想家。故大多对于嵇康思想的阐发与解读,便多囿于其通晓音律且长于乐论的身份背景,从而不自觉地将其哲学(美学)的范畴思想引至"声","音"等的本体论思想之上。虽然不可否认,嵇康对于哲学理论的贡献大多在于其对歌乐方面的美学立论之上,但这一方面也自然使其嵇康哲学先天地带有了美学色彩。本书的写作意图也正源起于此。由于现今学界的关注点主要在于还原并强调嵇康的魏晋玄学家的身份方面,且大都将研究立场或者摆在中国哲学纵线下的"嵇康玄学(哲学)"思想上,或者摆在探讨魏晋士人典型文化及其审美典型特征上,并对嵇康于音乐(艺术)理论上的贡献大谈特谈。

　　另外,由于本书是采纳嵇康本人或主观或客观地受到了魏晋整体审美化思潮影响这一总观点作为立论根基,所以在具体研究过程中,本书即试图在各个论述板块内部掺入诸多有关审美化的理论表述,以使其在范畴解析上体现得更为丰满。"通变无方,数必酌于新声,故能骋无穷之路,饮不竭之源。"① 所以本书便自这种"通变"精神起,进而关注嵇康所处的魏晋时期所特有的名实关系问题("名实之辨")角度,并用其对嵇康思想予以观照。

　　同时,本书也多就《释私论》文本中所出现的诸多范畴进行逐一辨疑,希望能在本书的探讨下,帮助构建起对于嵇康《释私论》文本的重新审视模式。同样地,魏晋时期亦为我国佛教文化初步发展的高峰

---

① 刘勰.文心雕龙译注(下)[M].陆侃如、牟世金,译注.济南:齐鲁书社,1982:119.

期①,因此本书的突出之处亦在于调整固有研究的本位角度,选取运用魏晋时下风行的由印度东传中国的佛教般若学中"色、空"观念作为阐发的理论工具,以从另一角度对嵇康的《释私论》文本进行剖析。本书虽不明言对嵇康进行美学解析,实则却无不渗透着对嵇康审美观念的相关探讨。相信经由本书的总体论述,可以为理解嵇康《释私论》文本中所蕴含的诸多相关哲学、美学思想范畴提供另一种认识模式与研究角度。这样一来,也能更好地帮助修缮对于嵇康其人其论原有的认识模式,从而使得嵇康诸多抽象范畴得到其自身审美旨趣方面的显现,但诸如嵇康所提出的"是、非""公、私"等范畴本身能否成立的理论问题、范畴自身是否存在某种深层次的名实方面的关系问题,以及除却其抽象性之外嵇康所设立的数组范畴中内含着的审美化特征(审美性)问题等仍有待进一步加以探明与辨究,如此才能使得嵇康原本晦涩的思想得以被唤醒和照亮。

① 该理论思想尤其如"般若色空观"等论说,可能早至东汉明帝时期就已有传入,在三国两晋时期已颇具规模地得到普及推广,故嵇康本人思想势必会受到佛学影响。关于这方面,可详见汤用彤先生的《汉魏两晋南北朝佛教史》一书前四章考证细文。

参考文献

一、相关原著

[1] 墨翟、谭戒甫.墨辩发微 [M]. 北京：中华书局,1964.

[2] 王弼.王弼集校释（上下册）[M]. 楼宇烈,校释.北京：中华书局, 1980.

[3] 刘勰.文心雕龙译注 [M].陆侃如、牟世金,译注.济南：齐鲁书社, 1981.

[4] 法藏.华严金师子章校释 [M].方立天,校释.北京：中华书局, 1983.

[5] 葛洪.抱朴子外篇校笺（上册）[M].杨明照,校笺.北京：中华书局,1991.

[6] 公孙龙子形名发微 [M].谭戒甫,撰.北京：中华书局,1992.

[7] 摩诃般若波罗蜜经 [M].鸠摩罗什,译.上海：上海古籍出版社, 1994.

[8] 僧祐.出三藏记集 [M].苏晋仁,注解.北京：中华书局,1995.

[9] 帛书老子校释 [M].高明,校释.北京：中华书局,1996.

[10] 葛洪.抱朴子外篇校笺（下册）[M].杨明照,校笺.北京：中华书局,1997.

[11] 谭峭.化书 [M].丁祯彦、李似针,点校.北京：中华书局,1998.

[12] 墨翟.墨子间诂 [M].孙诒让,撰.北京：中华书局,2001.

[13] 刘勰.文心雕龙校注拾遗 [M].杨明照,校注.上海：上海古籍出版社,2001.

[14] 荀况.荀子校释（下）[M].王天海,校释.上海：上海古籍出版社,2005.

[15] 庄周.庄子校诠 [M].王叔岷,校诠.北京：中华书局,2007.

[16] 论语译注 [M].杨伯峻,译注.北京：中华书局,2009.

[17] 吕不韦.吕氏春秋集释 [M].许维遹,集释.梁运华,整理.北京：中华书局,2009.

[18] 王充.论衡校注 [M].张宗祥,校注.上海：上海古籍出版社,2010.

[19] 僧肇.肇论校释 [M].张春波,校释.北京：中华书局,2010.

[20] 孟轲.孟子译注 [M].杨伯峻,译注.北京：中华书局,2010.

[21] 周易注 [M].王弼,注.楼宇烈,校释.北京：中华书局,2011.

[22] 阮籍 . 阮籍集校注 [M]. 陈伯君,校注 . 北京:中华书局,2012.

[23] 刘义庆 . 世说新语 [M]. 刘孝标,注 . 王根林,标点 . 上海:上海古籍出版社,2012.

[24] 僧祐 . 弘明集校笺 [M]. 李小荣,校笺 . 上海:上海古籍出版社,2013.

[25] 刘安 . 淮南鸿烈集解(上)[M]. 刘文典,集解 . 冯逸、乔华,点校 . 北京:中华书局,2013.

[26] 韩非 . 韩非子集解 [M]. 王先慎,集解 . 北京:中华书局,2013.

[27] 王琯 . 公孙龙子悬解 [M]. 北京:中华书局,2014.

[28] 赞宁 . 宋高僧传 [M]. 范祥雍,点校 . 上海:上海古籍出版社,2014.

[29] 董仲舒、苏舆 . 春秋繁露义证 [M]. 钟哲,点校 . 北京:中华书局,2015.

[30] 嵇康 . 嵇康集校注(上册)[M]. 戴明扬,校注 . 北京:中华书局,2016.

[31] 大乘起信论校释 [M]. 真谛,译 . 高振农,校释 . 北京:中华书局,2016.

[32] 楞伽经集注 [M]. 释正受,集注 . 释普明,点校 . 上海:上海古籍出版社,2016.

[33] 陈高傭 . 公孙龙子邓析子尹文子今解 [M]. 北京:商务印书馆,2017.

[34] 道宣 . 集古今佛道论衡校注 [M]. 刘林魁,校注 . 北京:中华书局,2018.

[35] 刘劭 . 人物志 [M]. 刘昞,注 . 杨新平、张锴生,注译 . 郑州:中州古籍出版社,2018.

二、相关研究专著

（一）魏晋玄学类

[1] 王葆玹 . 正始玄学 [M]. 济南:齐鲁书社,1987.

[2] 许抗生等 . 魏晋玄学史 [M]. 西安:陕西师范大学出版社,1989.

[3] 刘康德. 魏晋风度与东方人格 [M]. 沈阳：辽宁教育出版社，1991.

[4] 许抗生. 三国两晋玄佛道简论 [M]. 济南：齐鲁书社，1991.

[5] 孔繁. 魏晋玄谈 [M]. 沈阳：辽宁教育出版社，1991.

[6] 洪修平，吴永和著. 玄学与禅学 [M]. 杭州：浙江人民出版社，1992.

[7] 陈顺智. 魏晋玄学与六朝文学 [M]. 武汉：武汉大学出版社，1993.

[8] 容肇祖. 魏晋的自然主义 [M]. 上海：东方出版社，1996.

[9] 王葆玹. 玄学通论 [M]. 济南：齐鲁书社，1987.

[10] 张海明. 玄妙之境 [M]. 长春：东北师范大学出版社，1997.

[11] 刘宗坤. 觉醒与沉沦——魏晋风度及其文化表现 [M]. 郑州：大象出版社，1997.

[12] 高华平. 玄学趣味 [M]. 武汉：湖北教育出版社，1997.

[13] 李建中. 魏晋文学与魏晋人格 [M]. 武汉：湖北教育出版社，1998.

[14] 王葆玹. 王弼评传 [M]. 南京：南京大学出版社，2002.

[15] 王仲荦. 魏晋南北朝史 [M]. 上海：上海人民出版社，2003.

[16] 牟宗三. 才性与玄理 [M]. 桂林：广西师范大学出版社，2006.

[17] 童强. 嵇康评传 [M]. 南京：南京大学出版社，2006.

[18] 贺昌群. 魏晋清谈思想初论 [M]. 北京：商务印书馆，2011.

[19] 唐长孺. 魏晋南北朝史论丛 [M]. 北京：中华书局，2011.

[20] 李中华. 中国儒学史·魏晋南北朝卷 [M]. 北京：北京大学出版社，2011.

[21] 顾实. 杨朱哲学 [M]. 长沙：岳麓书社，2011.

[22] 周一良. 魏晋南北朝史札记 [M]. 北京：中华书局，2015.

[23] 汤用彤. 魏晋玄学论稿 [M]. 上海：上海人民出版社，2015.

[24] 余敦康. 魏晋玄学史 [M]. 北京：中华书局，2015.

[25] 刘师培. 中国近代思想家文库 刘师培卷 [M]. 李帆，编. 北京：中国人民大学出版社，2015.

[26] 汤一介. 郭象与魏晋玄学 [M]. 北京：中国人民大学出版社，2016.

[27] 陈寅恪. 魏晋南北朝史讲演录 [M]. 万绳楠，整理. 贵阳：贵州人民出版社，2017.

（二）中国美学类

[1] 北京大学美学教研室．中国美学史资料选编 [G]．北京：中华书局，1980．

[2] 刘勰．文心雕龙译注（下）[M]．陆侃如、牟世金，译注．济南：齐鲁书社，1982．

[3] 金开诚．文艺心理学论稿 [M]．北京：北京大学出版社，1982．

[4] 马奇．艺术哲学论稿 [M]．太原：山西人民出版社，1985．

[5] 朱光潜．朱光潜全集：卷 1–3[M]．合肥：安徽教育出版社，1987．

[6] 马采．中国美学思想漫话 [M]．上海：上海人民美术出版社，1988．

[7] 张节末．嵇康美学 [M]．杭州：浙江人民出版社，1994．

[8] 张节末．禅宗美学 [M]．北京：北京大学出版社，2006．

[9] 皮朝纲．禅宗美学史稿 [M]．成都：电子科技大学出版社，1994．

[10] 祁志祥．佛教美学新编 [M]．上海：上海人民出版社，1997．

[11] 邓以蛰．邓以蛰全集：卷 1–2[M]．合肥：安徽教育出版社，1998．

[12] 陈良运．美的考索 [M]．南昌：百花洲文艺出版社，2005．

[13] 李泽厚．华夏美学·美学四讲 [M]．上海：上海三联书店，2008．

[14] 李泽厚．美的历程 [M]．上海：上海三联书店，2009．

[15] 徐复观．中国艺术精神 [M]．北京：商务印书馆，2010．

[16] 王耘．隋唐佛教各宗与美学 [M]．上海：上海古籍出版社，2010．

[17] 朱自清．诗言志辨·经典常谈 [M]．北京：商务印书馆，2011．

[18] 宗白华，林同华．宗白华全集：卷 1–3[M]．合肥：安徽教育出版社，2012．

[19] 于民．春秋前审美观念的发展 [M]．合肥：安徽教育出版社，2012．

[20] 汪裕雄．意象探源 [M]．北京：人民出版社，2013．

[21] 宛小平．美的争论 [M]．上海：三联书店，2017．

[22] 王振复．汉魏两晋南北朝佛教美学史 [M]．北京：北京大学出版社，2018．

（三）中国思想史论类

[1] 陈垣 . 中国佛教史籍概论 [M]. 北京：中华书局，1962.

[2] 吕澄 . 中国佛学源流略讲 [M]. 北京：中华书局，1979.

[3] 汤用彤 . 隋唐佛教论稿 [M]. 北京：中华书局，1982.

[4] 汤用彤 . 印度哲学史略 [M]. 北京：中华书局，1988.

[5] 温公颐 . 中国逻辑史教程 [M]. 上海：上海人民出版社，1988.

[6] 郭朋 . 印顺佛学思想研究 [M]. 北京：中国社会科学出版社，1991.

[7] 牟宗三 . 心体与性体 [M]. 北京：中华书局，1999.

[8] 王恩洋 . 中国佛教与唯识学 [M]. 北京：宗教文化出版社，2003.

[9] 周叔迦 . 周叔迦佛学论著集（上下册）[M]. 北京：中华书局，2004.

[10] 牟宗三 . 中国哲学十九讲 [M]. 上海：上海古籍出版社，2005.

[11] 朱谦之 . 中国哲学对于欧洲的影响 [M]. 上海：上海人民出版社，2006.

[12] 石峻 . 石峻文存 [M]. 北京：华夏出版社，2006.

[13] 张岂之 . 中国思想学说史：卷 1–3[M]. 桂林：广西师范大学出版社，2007.

[14] 李泽厚 . 中国古代思想史论 [M]. 上海：三联书店，2008.

[15] 牟宗三 . 中国哲学的特质 [M]. 上海：上海古籍出版社，2008.

[16] 罗焌 . 诸子学述 [M]. 罗书慎，点校 . 上海：华东师范大学出版社，2008.

[17] 印顺 . 印顺法师佛学著作全集：卷 1–2[M]. 北京：中华书局，2009.

[18] 张岱年 . 中国哲学大辞典 [M]. 上海：上海辞书出版社，2010.

[19] 季羡林 . 季羡林全集：卷 15–16[M]. 北京：外语教学与研究出版社，2010.

[20] 蒙文通 . 佛道散论 [M]. 北京：商务印书馆，2011.

[21] 郭朋 . 郭朋佛学论文选集 [M]. 北京：社会科学文献出版社，2011.

[22] 织田得能 . 佛学大辞典 [M]. 丁福保，译 . 北京：中国书店出版社，2011.

[23] 方立天．中国佛教哲学要义 [M]．北京：中国人民大学出版社，2012．

[24] 汪奠基．中国逻辑思想史 [M]．武汉：武汉大学出版社，2012．

[25] 方东美．中国哲学精神及其发展 [M]．北京：中华书局，2012．

[26] 朱谦之．中国哲学史史料学 [M]．北京：中华书局，2012．

[27] 方东美．华严宗哲学（上下册）[M]．北京：中华书局，2012．

[28] 铃木大拙．禅与生活．上海：三联书店，2013．

[29] 章太炎．章太炎全集：卷 3[M]．王仲荦、朱季海，校点．上海：上海人民出版社，2014．

[30] 张立文．中国哲学思潮发展史 [M]．北京：人民出版社，2014．

[31] 汤用彤．汉魏两晋南北朝佛教史 [M]．上海：上海人民出版社，2015．

[32] 李石岑．中国哲学十讲 [M]．北京：中华书局，2015．

[33] 梁漱溟．东西文化及其哲学 [M]．上海：上海人民出版社，2015．

[34] 张岱年．中国哲学大纲 [M]．北京：商务印书馆，2015．

[35] 冯契．冯契文集：卷 4-6[M]．上海：华东师范大学出版社，2016．

[36] 周裕锴．禅宗语言 [M]．上海：复旦大学出版社，2017．

[37] 吕澄．中国佛学源流略讲 [M]．北京：中华书局，1979．

三、相关学术论文

[1] 丁怀轸、丁怀超．从名实之争到本末有无之辨——魏晋玄学渊流初探 [J]．社会科学战线，1987（4）．

[2] 蔡伯铭．董仲舒的神学逻辑思想 [J]．湖北师范学院学报，1987（3）．

[3] 姚汉荣、姚益心．嵇康之死考辨 [J]．中州学刊，1988（3）．

[4] 焦国成．魏晋名教与自然之辨的伦理意义 [J]．道德与文明，1988（04）．

[5] 龚振黔．谈王弼的有无之辩 [J]．思想战线，1988（6）．

[6] 蒋述卓．试论佛教美学思想 [J]．云南社会科学，1990（2）．

[7] 方立天．试论中国佛教哲学体系 [J]．哲学研究，1992（10）．

[8] 楼宇烈．一种协调个人与社会关系的理论——玄学的名教自然

论 [J]. 北京社会科学,1993（02）.

[9] 葛荣晋 . 魏晋玄学"有无之辩"的逻辑发展 [J]. 河北师院学报·社会科学版,1994（1）.

[10] 刘康德 . 魏晋名教与自然论笺 [J]. 孔子研究,1994（02）.

[11] 李戎 . 论玄学对中国美学的影响 [J]. 齐鲁学刊,1996（01）.

[12] 高晨阳 . 论王弼自然与名教之辨的基本义蕴及理路 [J]. 孔子研究,1997（03）.

[13] 皮朝纲 . 华严教义与石头系美学思想 [J]. 四川师范大学学报·社会科学版,2001（2）.

[14] 皮朝纲 . 论"观"——佛教美学札记 [J]. 绵阳师范学院学报,2008（3）.

[15] 皮元珍 . 纯美生命的人格建构——嵇康《释私论》探微 [J]. 广东社会科学,2001（6）.

[16] 崔占华 . 魏晋玄学与美学的关系 [J]. 内蒙古师范大学学报（哲学社会科学版）,2003（04）.

[17] 管宗昌 .《列子》中无佛家思想——《列子》非伪书证据之一 [J]. 大连民族学院学报,2004（2）.

[18] 祁志祥《列子》美学：无欲与纵欲的杂烩 [J]. 三峡大学学报·人文社会科学版,2004（4）.

[19] 丁四新 . 有无之辩和气的思想——楚简《亘先》首章哲学释义 [J]. 中国哲学史,2004（3）.

[20] 李昌舒 . 论王弼之"无"的美学意蕴 [J]. 厦门大学学报（哲学社会科学版）,2005（02）.

[21] 袁济喜 .《列子》与六朝文士的演生 [J]. 中国人民大学学报,2005（6）.

[22] 袁济喜 . 有无之辩与自然雕饰之争——魏晋南北朝两种审美情趣的玄学根源 [J]. 学术研究,1986（01）.

[23] 王晓毅 . 张湛玄学的理论创建 [J]. 哲学研究,2005（11）.

[24] 张学智 . 中国哲学中身心关系的几种形态 [J]. 北京大学学报·哲学社会科学,2005（3）.

[25] 徐阳春 . 先秦名实之辩的语言哲学意义 [J]. 江西社会科学,2006（8）.

[26] 管宗昌 . 从《列子·杨朱》看杨朱的思想 [J]. 呼伦贝尔学院学报,

2007（6）.

[27] 祁志祥 . 论华严宗以"十"为美的思想倾向 [J]. 社会科学战线·美学研究,2008（6）.

[28] 苏保华 . 论"三玄"与玄学本体论的深层结构 [J]. 扬州大学学报(人文社会科学版),2013,17（03）.

[29] 萧无陂 ."道"不可道吗？——从"名""实"之辨重新考察《老子》第一章 [J]. 中国文化研究,2014,（04）.

[30] 唐志远、邹茜鸳 .《与山巨源绝交书》的玄学分析 [J]. 湖南大学学报·社会科学版,2016（5）.

[31] 李修建 . 论魏晋南北朝美学的三个特征 [J]. 郑州大学学报·哲学社会科学版,2017（6）.

[32] 邓联合 ."贵身"还是"无身"——《老子》第十三章辩议 [J]. 哲学动态,2017（3）.

[33] 康中乾 . 裴頠"有"论在魏晋玄学中的思想贡献 [J]. 中国哲学史,2011（2）.

[34] 李修建 . 名士风流 [D]. 中国人民大学,2008.

[35] 肖能 . 魏晋的自然主义 [D]. 复旦大学,2011.

[36] 张锦波 . 名教与自然之辨初探 [D]. 复旦大学,2012.

附录一

大陆玄学美学研究史
及现况梳理

摘要：相较于国外，有关玄学美学方面的学术研究成果实际主要侧重在国内，且集中于大陆学界，而大陆相关研究则显示出相当程度的历史本位特征。历史本位是指大陆学者在研究魏晋玄学问题上往往秉承历史发展观，即多从断代史层面自觉将哲学范畴同历史实际相统一，从而使哲学范畴突破其自身旧有内涵而不断外延。即便从哲学思辨角度来对相关范畴作梳理分析，大陆相关研究工作也基本立足本土并就中国思想史传统来加以断代处理，即从玄学自身的历史属性上来谈。同时，玄学范畴较于中国思想史中其他范畴而言又常具特定性质，这种特定价值也正是玄学理论本身的感性特征使然。因此，大多大陆学者在论述魏晋玄学范畴时，多好连带对该范畴的整合（多元化）判断一同予以探讨。此外，就大陆玄学美学研究总体情况而言，国内相关专著形式的研究成果多聚焦魏晋玄学领域，其中涉及玄学同美学相结合的单本论著则相对较少，而以玄学美学为论题进行专题研究的更是直至 21 世纪才开始出现，且同样呈现论文数量较高于专著的研究现象。本文将按研究成果的出版发表时序对之加以概要梳理。

关键词：魏晋玄学；玄学美学研究

一、1949 年以前

自近代以来，关于魏晋玄学领域的研究工作已有开展，但由于缺少方法论支撑，导致多数研究成果显露出研究的理论性不强、结论模糊、考据风行等问题。这种现状在现代，尤其改革开放后得到了极大缓解。中西方的学术交流使得各学科间话语模式有了互补可能，并直接促进了玄学美学概念范畴的自然生成及玄学美学研究成果的有效转化。

刘师培于 1907 年撰《论古今学风变迁与政俗之关系》，该文对整体魏晋学风持肯定态度，指出前代诸多学者如顾炎武等皆"不知两晋六朝之学不滞于拘墟，宅心高远，崇尚自然，独标远致，学贵自得"[①]。刘师培抵制所谓"清谈误国"的历史论调，相反，极其欣赏魏晋学士不慕庙堂而安于江湖的心怀。1910 年章太炎撰《五朝学》文，同刘师培一样，也就既往学者对该时期学风的评价问题予以评鉴。他批评史家式的"魏晋衰敝愈于前朝"等观点，认为"以玄学为诟，其惟大雅，推见至隐，知

---

① 刘师培.中国中古文学史讲义[M].北京：中国人民大学出版社,2011:29.

风之白"①。稍别于刘师培之处在于,章太炎使用了一些客观性史实来证明玄学思想产生背后的历史与逻辑必然。鲁迅在 1927 年《魏晋风度及文章与药及酒之关系》一文中认为魏晋时期为"文学的自觉时代",并将该时代的文学特色评判为"清峻,通脱,华丽,壮大",这均与刘师培"清峻""聘词""华靡"等论断大体一致,从中我们完全能够看出二者间的学术影响关联。

中国现代学术史上的魏晋玄学研究应当始于 20 世纪 30 至 40 年代,其间以汤用彤在 1938 年至 1947 年十年间所完成的九篇文稿(1957年由人民出版社结集出版,题名《魏晋玄学论稿》)为代表。这些论文一方面从思想溯源、学风建设及发展轨迹,另一方面从具体学说产生的原因、影响、特点、方法等来对魏晋玄学这一哲学史分期问题作了较为系统的整理与论说,从而奠定了整个 20 世纪魏晋玄学研究的基本面貌和研究格局。在哲学史研究上,这是部区别于胡适《中国哲学史大纲》和冯友兰《中国哲学史》的典范性的断代思想史专著。虽然胡适并未过多涉及魏晋时期哲学思想,但冯友兰的《中国哲学史》下册较之却给予了一些关注,比如,他在《南北朝之玄学》上下两章中讨论了从何晏、王弼到郭象以来的玄学家的玄学思想,但因他的论述重点最终偏转至佛学一侧(章目是《南北朝之佛学及当时人对于佛学之争论》),这样一来就在玄学断代上显得尾大不掉了。事实上,这也是未能摆脱胡适西学为体的研究思路方法的结果,故而无法辨清玄学思想体系的自身独立性以及佛学成型滞后于玄学的理论史实。在此基础上,他便草草将"玄学"与"佛学"统归于南北朝范围,而汤用彤就较好规避了西学之于玄学研究的误导之处。

实际上,汤用彤最初也是以研佛得名的。他在 1922 年至 1937 年间专门从事佛教史研究,并于 1937 年写成《汉魏两晋南北朝佛教史》一书。正由于佛教史的撰写实践,使其开始逐步体会到玄学与佛学间的实质关系问题,而后才开辟了魏晋玄学这一研究领域。魏晋时期的佛教属外来文化,而玄学是时下中国本土文化的典型形态,所以佛学发展必须先行依附于玄学,方能为中国普通知识分子和民众所接纳。1947 年,汤用彤在所作演讲《魏晋思想的发展》中即提到:"玄学是从中华固有学

---

① 章太炎.《章太炎全集》卷三 [M]. 王仲荦,朱季海校点.上海:上海人民出版社,2014:60.

术自然的演进，从过去思想中随时演出'新义'，渐成系统，玄学与印度佛教在理论上没有必然的关系，易言之，佛教非玄学生长之正因。反之，佛教倒是先受玄学的洗礼，这种外来的思想才能为我国人士所接受。所以从一方面讲，魏晋时期的佛学也可说是玄学。"① 在一方面汤用彤将玄学从同佛学的纠缠中解救出来，并还其独立发展的历史面目；在另一方面，具体佛学研究却又需要借助玄学内容。这种互摄的研究思路制约了早期魏晋玄学研究学者对历史与逻辑相统一这一方法论的有效利用。通过汤用彤《魏晋玄学论稿》的编排次序以及发表时间可以大致了解到魏晋玄学的研究过程。

二、1949 年至改革开放初期

1949 年后，利用马克思主义基本原理研究中国古代哲学美学思想成为时代主流。侯外庐在《中国思想通史·魏晋南北朝》中就注意到冯友兰《中国哲学史》对魏晋南北朝哲学的篇幅较有减省。因此，他在对文献和考古资料作了大量征引后，便在具体内容上给予一定延展。例如，建安时期豪门士族清议的清谈转向，对向、郭注的疑案进行区分，阐述嵇康的二元论说及其反司马的诸多活动等。该书还从封建经济与意识形态的对立问题上分析了魏晋时期名士们思想产生的合同离异根源。

刘大杰在 1949 年出版《魏晋思想论》，书中着力将纵欲论、玄学生活化、浪漫主义情调等概念从魏晋玄学思想中提炼出来并首提"人性觉醒"说法，认为人性觉醒应被理解为一种自然或个体主义思潮的迅速扩张。受日本学者影响，他所提出的"文学的自觉"也被看作是鲁迅遗风。不过，在谈及玄学同文学的辩证关系时，由于其美学学科意识不强，导致并未产生将美学同玄学结合的理论本能。

1969 年之前，陈寅恪就对玄学思潮所处的魏晋时期的"清议"现象有过系统考证。结合历史本位，他认为东汉后期由于政治腐败与权力角逐，令宦官势力最终主导了外戚与地方政治，同时制造出了两次党锢之祸。至于时下朝廷，则多采取察举、征辟等制度选拔用人且多涉及所谓"清议"需要。先因有"清议"之需，才使名教作为一种直接评判项能被东汉士人保有长期高度关注。这样的名教意识形态才开始了其与自然

---

① 汤用彤.魏晋玄学论稿[M].上海：上海人民出版社,2015:71.

观在哲学思辨上的先期对抗态势。

牟宗三《才性与玄理》一书强调"品评名实""辨名析理"是作为魏晋玄学的开篇先导而存,并且基本奠定了魏晋玄学的整体格调情貌。该书抓住了玄学思想中最能同美学产生共鸣的关键词(玄理)来充当主要论题,表明玄学美学的概念兴起在某种程度上是得益于玄学思想内涵的泛化审美元素。牟宗三运用现代西方哲学逻辑分析方法、差异比对方法、心理描述方法等来透视玄学主题,如他在谈到魏晋名士作为历史特定群体时,明确其存在意义就是为了彰显玄学有别于其他的审美趣味。具体来说就是所谓"谈言微中"。"玄非恶词也,深远之谓也。生命之学问,总赖真生命与真性情以契接。"[①]牟宗三始终用生命体验式的审美理想来解读魏晋玄学美学精神,他通过分析论证王、何的以老解易,向、郭的以玄注庄以及嵇、阮的"越名任心",从而突出了清谈的各个环节、各种模式、各项条件、各类议题所呈现的审美共需倾向,并得出魏晋人的审美共识才是激发名实之辨、才性之辨乃至名教自然之辨的根本原理这一研究结论。

20 世纪 60 年代,徐复观在他的《中国艺术精神》中较早将《庄子》文本思想背后的艺术性和艺术精神加以概括理解,并类比儒家传统伦理道德影响下的审美化日常,进而提炼出一种审美人生观,即庄子式的主体艺术观。他言道:"庄子之所谓道,落实于人生之上,乃是崇高的艺术精神……由老学、庄学所演变出来的魏晋玄学,它的真实内容与结果,乃是艺术性的生活和艺术上的成就。"[②]这段既在建构庄子学派美学观的同时,也为魏晋玄学的美学义正了名。这在当今学界关于《庄子》美学的研究工作中仍具指导意义。徐复观某种程度上是让"道"等同于"艺术精神"的,也就是道在于艺术表现,艺术表现性的程度就意在体现其背后"道"的明暗形态。这既是一种儒道会通观念的结果,也是伦理和审美在社会性层面得以有机结合的研究目的使然。

三、改革开放初期至 20 世纪末期

改革开放后中国积极融入世界,故而兴起诸如"美学热""文化热"

---

① 牟宗三. 才性与玄理 [M].桂林:广西师范大学出版社,2006:88.
② 徐复观. 中国艺术精神 [M].北京:九州出版社,2014:43.

等学界浪潮,中国学者普遍开始习惯对西方话语模式的套用借鉴。在该趋势作用下,大陆玄学美学研究导向开始呈复归态势。其中,许抗生在《哲学研究》1979 年第 12 期发表《略论魏晋玄学》一文,直言认同汤用彤等人观点:"我还是同意汤用彤先生所讲玄学是研究世界的根本、本质,或世界存在的依据等本体论问题,并以本末、有无为其辩论中心这一见解的。这一见解,比较能揭示出玄学的本质特征。"[①]

至 20 世纪 80 年代,李泽厚即主动从美学视角切入来大谈魏晋玄学思想,可以说很大意义上开创了玄学美学研究领域的全新气象。原载于三联书店(1980 年版)的《中国哲学》第 2 期的《魏晋风度》(后结集为《美的历程》)一文,就鲜明批判道:"魏晋恰好是一个哲学重新解放、思想非常活跃、问题提出很多、收获甚为丰硕的时期。虽然在时间、广度、规模、流派上比不上先秦,但思辨哲学在所达到的纯粹性和深度上,却是空前的。"[②]李泽厚认为魏晋玄学是一种文人自觉的意识体现,是哲学——美学研究所带来的"人的觉醒"。他对所谓"魏晋风流"的解读显然也是出于审美性一面,甚至将之完全归因于所谓人格内部的"美意识"基础。他在《华夏美学》中就多次借庄子玄风之于魏晋思潮的深刻影响来探讨魏晋式的"美意识"问题。他认为:"魏晋整个意识形态具有的'智慧兼深情'的根本特征……直接展现为美学风格,所谓'魏晋风流',此之谓也。"而其所意图阐述的"人的自然化"理念实际也与魏晋士人的自觉审美心态有着彼此内在的关联理解。这种"以情为核心"的魏晋人物的审美心态也反复作用于"名教自然之辨"命题上。李泽厚指出魏晋时期这种"自然"命题的产生与发展实际是始终伴随着"士人化"进程的,换言之,他们不断从主体出发来观照"自然"、虚化"自然",最终实现"人化自然"。重点突出魏晋玄学的基本范畴的分析研究,当属汤一介的《郭象与魏晋玄学》(湖北人民出版社,1983 年)。该书是20 世纪 80 年代前期中国学者试图摆脱意识形态束缚的总的体现,是传承前辈学者的既有研究成果并借鉴西方哲学史研究经验的一种经验总结与理论尝试。该书以郭象思想为突破口,较为全面地展示了魏晋时期玄学思想的发展水平及其与佛教道教之间的历史关系等。可以说,对于大陆玄学美学研究史而言具有一定中转意义。

---

① 许抗生 . 略论魏晋玄学 [J]. 哲学研究,1979(12).
② 李泽厚 . 华夏美学 [M]. 天津:天津社会科学院出版社,2004:54.

20 世纪 90 年代以后,中国学者逐渐褪去 20 世纪 50 年代的话语模式和所谓主流观点,更多在承继中国古代考据传统基础上积极吸纳西方现代哲学研究方法(阐释学、心理学、语言学、现象学、艺术学等),进而多元综合地看待魏晋玄学的原有理论问题。自 21 世纪以来,大陆学者普遍开始接纳中西方合流的研究思路,即向西方现代哲学分析法靠拢,借助大量现代主义研究观点,如存在主义、表现主义、现象学、阐释学等来翻新中国哲学美学的传统理论问题。而这就直接引发了相关人文学科内部话语间的交叉混合,如魏晋史学同美学(周谷城)、魏晋玄学同史学(石峻/汤一介/王晓毅/康中乾)、魏晋玄学同伦理(许建良/冯祖贻)、魏晋玄学与佛道(陈寅恪/蒙文通/严北冥/洪修平)、魏晋玄学与中国文化(余英时/曹道衡)、魏晋玄学与文学艺术(聂石樵/徐公持/刘运好)、魏晋玄学与美学(吴功正/徐复观/李戎/张海明/高华平/王建疆)、魏晋玄学与人生哲学(方东美/蒙培元/梁漱溟)等。

余敦康在《孔子研究》1990 年第 3 期发表了《中国哲学对理解的探索与王弼的解释学》,其在玄学研究方面率先提出“王弼的解释学”概念。他认为王弼玄学思想之所以有别于何晏,主要在于其为玄学思想建立起一套独立体系。同是解释《论语》,何晏作《论语集解》,王弼作《论语释疑》,但是何晏只提出了某些论点,而王弼则成功构建了“体无”为核心的有无本末思想体系。由于何晏在解经的方法论意识上存在隐患,而王弼恰善于从玄理层面会通儒道,故而最终唯王弼方令《老》《易》间的理论壁垒得以消除。这种解释学原则在其后也为汤一介所阐发。汤一介在《中国社会科学》1998 年第 1 期上发表《辩名析理:郭象注〈庄子〉的方法》,就是以郭象的个案研究为例提出了创建中国“解释学”的研究诉求。

蒙培元在 1993 年发表《论郭象的“玄冥之境”———种心灵境界》一文,认为可用现象学与存在主义哲学来解析郭象思想——心灵境界说。他强调汤用彤在《魏晋玄学论稿》中所提出的玄学本体论应视作玄学境界说的形成基础,而玄学境界说恰是玄学本体论的完成结果。因此我们可以看到,蒙培元延续了冯友兰 20 世纪 80 年代《中国哲学史新编》中的玄学境界话题,只不过其论述侧重稍显不同。同时,蒙培元还以西方论点来进一步审视郭象的“独化”与“玄冥之境”两说。他指明郭象为“崇有论”者,即承认“有”的实存与“无”的虚无;其“独化”一说亦同,即经由本体论的映射,让他人的“无”转成了个体的“无”,即是自我意义上的"无"，所以"郭象哲学就是一种存在哲学"。"玄冥之境"则更偏重于设立一种精神力量，其特点就在"冥内游外"，"冥内"指一种内在精神状态，而外在现象界的不可脱离又使人必将"游外"。对于"冥内而游外"状态的探求，旋即成了儒道会通（存在主义与人本传统）的一种审美化结果。

宗白华在其《论〈世说新语〉和晋人的美》一文中明确将玄学的审美价值加以明示："魏晋人则倾向简约玄澹，超然绝俗的哲学的美……我说魏晋时代人的精神是最哲学的，因为是最解放的最自由的。"① 这里宗白华开宗明义，直截了当地将魏晋时人思想的哲学性同审美性相勾连，将该思想背后的美感（美学研究价值）发掘出来，同时也揭示了魏晋时人所倡导的玄学范畴背后的"美意识"情况。该文也当属本世纪最早开始进行的中国美学思想史的断代研究，其中，宗白华将晋人之美归结为哲学的美、哲理的美，把玄学上的"玄境"与美学上的"心灵"结合起来，在拔擢审美境界论之际，又推进了玄学美学这一研究概念的意涵生成效果。魏晋玄学与美学在他看来，只是一种心灵或思想上的自由境界。

唐长孺在《魏晋玄学之形成及其发展》一文中则从史学角度剖析了"名教自然之辨"等命题的历史根源，并着重说明了曹魏以降玄学家内部由于"正统"与"别派"的取向而表现出的行为正反面，而这便是"名教"母题中"名理"与"名法"二义在魏晋时期杂糅的结果。可以看出，凡唐长孺论及"名教自然之辨"此类玄理命题，皆意在采用历时性研究视角，将其理论属性牢牢依附于汉魏历史的自然发展的顺成性之上。不过这也侧面突显了史学家研究理论问题的某种弊端，即研究出发点和落脚点的不平衡，这样就常会脱离理论所指核心而陷于考据式的伦理困境。这一点在其《清谈与清议》一文中（时常将玄学主题同佛学思想并说）即有暴露，但我们应当关注的是，唐长孺论述诸如明帝"浮华案"的形成原因及其对玄学思想发展的刺激作用等，还是有助于我们充分认识玄学内在演进规律以及玄学美学的辩证关系。

具体到某些玄学家的观点形成方面，如嵇康本人思想的审美化问题，罗宗强就在 2005 年出版的《玄学与魏晋士人心态》中予以鲜明指出："嵇康的意义就在于他把庄子的理想的人生境界人间化了，把它

① 宗白华．美学散步 [M].上海：上海人民出版社，1981：74.

从纯哲学的境界,变为一种实有的境界,把它从道的境界,变成诗的境界。"① 以嵇康为例,美学家气质就算是完全寄托在了其哲学家的"究元"本能当中,且同时掺进了"名、实"关系本质。而嵇康所论尽管隐晦,却也可发现此类范畴所潜在具备的审美特征,如其在《与山巨源绝交书》中所点明的:"一行作吏,此事便废,安能舍其所乐,而从其所惧哉?"字里行间就流露出一种对于自然人生美感的趋近意愿。这一点,在罗宗强这里也是最为留意的。

四、玄学美学专题研究现况

进入 21 世纪以来,以玄学美学为整体概念来进行专题研究的论文开始系列产出,也标志着学术意义上的玄学美学研究得以出现。需要注意的是,相较于玄学美学领域的研究工作,关于理论渊源较近的所谓庄子美学研究则蔚为大观。当下大陆学界有一种观点认为庄子思想产生于先秦且当时美学的学科属性还未建成,故庄子及其学派在立论根本上是道德主义的,是"为人生"的。即使是从审美角度去论述,也只能属于侧面烘托而非直指。庄子本人的理论目的只为使人"明道""致知",而并不在表现文艺,相反,文艺化的诗学在其眼中看来也只是"进"道之"技"而已。如包兆会的博士论文《庄子生存论美学研究》以及刘绍瑾的《庄子与中国美学》等。更有甚者如杨径青发表在 1995 年第 4 期《思想战线》上的《试论庄子的反美学思想》一文,就直接声称"庄子的哲学从根本上是反美的、反审美的",这就直接从结论上全盘推翻了庄子美学研究领域的立论合理性。其实,这些确是学科自身的交叉性所致,是现代学术体系分析传统理论问题的普遍困境所在。不过,这倒也为我们研究魏晋玄学同美学之间的辩证关系提供了参考,即在对研究对象的匹配度上、研究手段的适用性上、研究逻辑的自洽性上都需要使其自带学理关系,这样研究结论才不会出现"排异"情况。现以具体研究成果的侧重点进行划分,择要例说如下。

---

① 罗宗强. 玄学与魏晋士人心态 [M]. 天津:天津教育出版社,2005:31.

（一）个别范畴研究

马良怀1993年的博士论文《崩溃与重建中的困惑：魏晋风度研究》是20世纪国内较具代表性的魏晋风度专题研究成果。该书后由中国社会科学出版社再版。由于马良怀的历史专业导向，使其可以自觉运用合理的史观和充分的史料来考证很多有关魏晋玄学思想内容的问题。就魏晋风度这一概念来讲，他大致梳理了自东汉建安年间直至六朝时期魏晋风度一说的演化和归宿，其中较为创新的是他在史学书写之际，仍不忘还原玄学的审美本质。他通过"崩溃"和"重建"两种冲突状态来比对揭示魏晋时期名士心理、行为的斗争表现。同时，他也基本遵循了魏晋时代知识分子个体意识觉醒这一共性特征，并用"情"义总结了魏晋玄学思潮自身的审美经验。他谈到，魏晋风度的缘起是士大夫思想的大崩溃，而其解决方法（也就是重建方式）就是产生玄学思想，即"越名教而任自然"，也就是一种审美需要。这正是魏晋时期历史与逻辑的内在统一模式，正因为时坏道衰，才需要儒道会通、需要内外互修，这样的魏晋风度不单是名士阶层借以对外传达的历史态度，更是群体内部所赋予个人的特定美学风貌。这是崩溃之所以能被重建的玄学美学核心要义。

高华平1999年在其博士论文《魏晋玄学人格美研究》中也明确表示魏晋玄学的人格美是一种独特的个性美，是需要从精神层面来理解这种性情的审美对象，才可达成名教与自然相互依存的人生境界。2000年出版的蔡锺翔《美在自然》一书，则围绕"名教自然之辨"命题中的自然概念部分加以玄学美学梳理，并由此来展现自然作为特定审美范畴的范畴流变史。

2016年祁志祥在《克制与放纵：玄学美学的"适性"追求及其不同形态》一文中首先认为玄学美学是儒道会通的理论产物，是所谓"玄学关于美的思考和追求。"[①] 其旨在强调玄学美学的概念定义是以玄学为形式、以美学为内容的。具体来说，玄学之于所谓玄学美学的理论作用更多是在方法论意义上的，而美学之于玄学美学则更多是对其研究效果的展示和研究目的的实现。这两方面被玄学美学领域所共同关注，于是就凝结成了一个母题："适性"（为人性的）。由于玄学的形式框架的存

---

① 祁志祥.克制与放纵：玄学美学的"适性"追求及其不同形态[J].上海文化，2020（2）：14—26.

在,致使玄学美学作为整体概念始终面临被排列组合的现实情况。简言之,在玄学角度的"适性"可作"任诞"解,但这种"任诞"又是克制与放达的共性范畴;在美学角度即作"雅量"解,而这种"雅量"仍是折衷和情欲的改换,实际上也就是儒道两次(或反复)概念会通使然。

但本书认为,祁志祥这里把玄学美学的意涵似乎描述得过于纠缠。虽可一定程度上避免二分或过度差异化,但对建构概念本身而言,是易于导致所指的不彻底性、不明确性的。同时,祁文过于依赖《庄子》文本(郭象注本)来对玄学美学问题进行概念取材,从根本上说,也存有对玄学思想本身的历史一贯性的割裂倾向。所以,"《秋水注》批评世俗之人以大欺小、以小羡大、大小相倾、相倾无穷的种种你争我斗,指出这些都是不明白庄子的适性生存智慧导致的结果。"祁志祥这种表述或结论的出现其实正是将玄学同《庄子》、将《庄子》同《庄子注》作模糊化、平整化处理所致,而未能看到二者之间即玄学作为一种人生观取向本身之于其理论来源的内在有效分别。在他所论及的玄学的美学性问题上,则直接引述郭象原注"虽所美不同,而同有所美。各美其所美,则万物一美也",随后便直接判定"适性"是美的,"适性"概念在玄学意义上更是美的。这就未免有望文生义、流于字面的嫌疑。"玄学的适性,主要是针对人生美学而言",在某种程度上此结论亦缺乏系统推定的依据支撑,其实,这种"适性"是玄学的孤立的"适性",故而已距"玄学美学"甚远了。不过,他以"适性"这一中性关键词作为突破口来引申玄学美学概念的核心实质,这一点还是值得肯定的。

(二)逻辑分析研究

在运用逻辑分析法系统阐述玄学美学方面的大陆研究成果,当属李戎在2000年出版的《始于玄冥反于大通——玄学与中国美学》一书。该论著从范畴入手并具体结合了个别人物,对魏晋玄学与中国美学的历史与逻辑关系作了扫视,也为21世纪美学研究补充了玄学篇章。该书首提"玄学论美学"这一研究概念,并认为对玄学论来说应不单强调哲学含义而更需回归其历史价值。比如,第六章《魏晋玄学:中国美学大转折的契机》就说明了魏晋玄学在中国美学发展史上所产生的重大影响,并廓清了玄学同"玄学论美学"间的理论共性。后又在第七到九三章中接连对"无""空""玄""妙""气韵""风骨""自然""得意忘象"①等审美范畴作了玄学论意义上的理论更新。先正玄学渊源,再明美学属性,后谈二者特征,如此一来便顺次阐述了玄学论美学的发展必要性及必然性。并且,李戎也借鉴了西方话语模式,如将玄学论美学的"无"与海德格尔的"无"加以比较。只是需要指出的是,其目的虽在体现二者别异,但在论述结论上仍稍有杂糅、机械的论述效果。作者在该书也有个案研究,比如以陶渊明、司空图与苏轼三个个案,分别从诗歌、诗论及哲学三个维度来说明玄学与中国美学的合理关系,但这显然已在论述背景上忽略和脱离了前章所推崇的魏晋背景影响论的立论框架,从而导致这种"玄学论美学"说法不再专属于魏晋而扩展至全体中国文艺思想史,俨然一副泛化态势。这实则无形中消解了玄学美学作为一种美学研究的立论落脚点。由于这种玄学之于中国美学的折中处理,使其在论司空图《二十四诗品》时便显露些许问题,即仅就其带有"哲学思考"的文本特点(接受魏晋玄学精神,特别是老庄和禅宗思想),便粗暴地将其定性为了所谓"玄学论诗学家"。显然这种处理结果还是有待商榷的。的确,这很可能也是当今学界长期对于魏晋玄学本身分期问题无法达成共识的原因所致。

徐林祥在2001年撰写《中国美学初步》一书,并从历史氛围、精神气质及文艺审美等多方面考察了魏晋及南北朝的审美主体的精神风尚变迁,认为玄学是通过"清谈"这一媒介间接影响了时下名士的审美趣味,随即清谈也就促成了"清淡"这一美学风格的直接形成。同时,《中国美学初步》还继承了李泽厚论庄观点及相关玄学美学的论断,着重强调魏晋士人的人性自觉即直接影响其审美自觉。他从人性觉醒问题出发将玄学分为三个阶段,即正始玄学崇老贵无——竹林玄学"越名教而任自然"并向庄过渡——向秀郭象重振庄学玄风。

王振复2002年出版的《中国美学的文脉历程》一书中对名教、自然、言意、有无等五个玄学命题作了研究,其有专章谈论自然与名教的"对话"问题。在他看来,玄学美学首先是一种儒化了的新道学美学,并认为魏晋玄学上承老庄以有无关系为基本命题,这已然具备了一种美学本体论意义。如"有无之辨"这一玄学命题,就是当时形神论等诗文、书画理论在美学上的话语展示。同理,才性之辨之所以成为魏晋清谈内容之

---

① 李戎.始于玄冥反于大通:玄学与中国美学[M].广州:花城出版社,2000:97.

一,也在其潜在审美倾向。在魏晋名士的文化观下,魏晋风度自觉变为体现"才性之辨"精神面貌的最好模板。王振复考察关于名教与自然的思辨轨迹后,认为魏晋玄学美学大致经历了三个阶段:首先何晏、王弼开创了具有玄学品格的魏晋美学气度,即正始玄风(名教本于自然);而后嵇、阮造就了"竹林之玄"(越名教而任自然);最后由郭象以"独化于玄冥之境"统一了"有无之辨",终结了玄学。

(三)人物评述研究

1997年,张海明的《玄妙之境》从玄学人格的本体论上将玄学美学分为老玄、庄玄、儒玄及佛玄四个部分。老玄即王、何学说,以道救世;庄玄即嵇、阮的竹林玄学,重人性自然与个体独立;儒玄以向秀、郭象为代表人物,讲究以儒解道。佛玄以人生解脱为根本目的,又分为以玄释佛和以佛释玄两期。玄学发展进程也是魏晋士人人格范式的转化过程,二者同频。2000年,仪平策《中国审美文化史·秦汉魏晋南北朝》对于"玄学是人格本体论美学"问题展开讨论,认为王弼、嵇康等人的玄学假借"有无"说辞而实则归于人事一面。换言之,人格、人性等人类自我心理的实际生产活动是"有无之辨"命题的深层依托,其中玄学主张只是作为士人群体的具象性审美行为的铺垫而存。

2001年,李耀南在博士论文《魏晋玄学与美学》中提到,王弼本无论(理想人格论)奠定了魏晋玄学的基本美学精神,所谓"圣人体无"就是审美境界;其后阮籍在解庄基础上让魏晋美学有了"人生艺术化与生活审美化"的范例属性;嵇康为了破除儒礼教化,使得"任自然"顺理成为"心灵超越万有进入精神的自由境界,也是自由的审美体验";至郭象处,则力图"把自由人生境界化为每个个体现实生活的具体事实"。不过该文主要还是侧重从学科属性上考察两汉经学或魏晋玄学(哲学)与美学的关联特征,并重在从天人之际来看待两汉思想向魏晋玄学及美学的转化问题,例如有关王弼本无说等理论仅限第三章"理想人格论"之后方才有所涉及。此后他又通过阮籍美学、嵇康美学、郭象美学及陶渊明美学等专章来补充说明了玄学美学的概念成形问题。尽管还存在研究对象的不成熟性(关于某某美学的表述)、研究内容的偏零散化(就玄学美学的概念建构而言始终未成体系)等特点,但这极可能因李文存在对玄学思想分期范围的分歧意见,最终致使其主题逐步脱离了玄学美学研究的概念中心。正如他也言道："选择玄学作为进入魏晋美学的视角与路径是可能的,也是必要的",而这一结论是极富建设性的。

（四）宏观归纳研究

李泽厚、刘纲纪合著《中国美学史》,第二卷就谈到了玄学理想作为个体人格精神的终极体现是有其重构意愿的,其代表着个体人生境界的审美化和有限之于无限的进阶状态。刘纲纪于 20 世纪 90 年代初在《"周易"美学》一文中也提出玄学美学是同儒家美学、道家美学、楚骚美学、禅宗美学和人本美学并列的中国美学六大思潮之一,这也标志了玄学美学在新时期的中国哲学美学史研究地位。大陆当前关于魏晋玄学美学领域的研究成果还是围绕哲学或艺术方面作展开考察,综合哲学与艺术方面,且对玄学同美学之间的互换关系做有针对性论证的,则当属章启群 1999 年的博士论文《论魏晋自然观——中国艺术自觉的哲学考察》。他建构了一种魏晋自然哲学观,用以从哲学角度审视魏晋时期的自然概念形成过程。该文认为,玄学的存在不仅是对名教(社会伦理道德)含义的扩容,更是消解了先秦以来自然概念同其对立面之间的冲突姿态。在人生观层面上,这种自然概念就成为名士赖以栖息的"自然的人生理想",而这也是对魏晋风度的"合理即自然"的有力概括。就自然观念而言,魏晋名士是一贯将其生活化了的,其日常生活的合审美性、合自然性等意向特征也都在践行"合玄理"这一最高理想的普遍要求。对于"中国艺术(性)自觉"[1]同魏晋自然哲学观的辩证关系问题,该书认为这是魏晋人审美意识作用于自然美和艺术美等审美领域的产出结果。例如《世说新语》既载有大量艺术化的玄学实践事例,伴随主体感性因素的丰富,其对于客体的表现能力(艺术自觉性)也是同步升级的。上述可知,选取自然观来探讨玄学美学的哲学机理实是该书持论的最大亮点。

2012 年,苏保华在《魏晋玄学及玄学美学本体论之考辨》中谈到了玄学美学的三种所谓本体论模式:玄学人格本体论、玄学文化精神论及玄学生命本体论。他认为玄学美学概念的构建来源更多是在现实(历

---

[1]　章启群.论魏晋自然观:"中国艺术自觉"的哲学考察 [M].合肥:安徽教育出版社,2013:9.

史或审美)实践的催化一边,这一论点尤为重要。另外,他也提到了建构玄学美学整体范畴的三个难题,其一是不同玄学人物其观点立场存在差异;其二是如何为魏晋玄学美学在本体论意义上正名;其三是如何从历史角度让魏晋玄学美学回应好玄学所面临的儒道会通困境。当然,苏保华在文中是本着三合为一来谈的,认为玄学本体既是哲学与人格,更是文化精神本体,是对玄学主题(精神)的内在综合。对该文的理解又可从三方面展开:其一,如能把握好魏晋玄学思想共性的理论发展趋势(从贵无到崇有),就自然不会受个别观点的前后矛盾问题所影响;其二,不只是魏晋玄学美学,实则是任何理论概念得以建构的必然需求。这的确需要长期的理论探讨及总结工作;其三,其实儒道会通问题虽是玄学自身的必答题,但却是玄学美学这一研究领域的选答题。

从某种意义上讲,玄学美学这一概念之所以能够成立,原因之一就在玄学思想之于中国思想史的理论特存。比如,这种特殊性恰恰使以嵇康、阮籍为代表的玄学家们能够跳脱出王弼、何晏等正始玄学的理论引导,因此其所得出的也绝非所谓"第二或第三正始玄学",而是竹林以及元康玄学。在竹林或元康玄学时期,儒道会通这一意识需求多半作为政治素材而被隐性了、降格了、弱化了,尤其在向、郭那里,在儒道二家说法之上实际早已存在着第一性的"玄冥"。所以由此可知,从各自本体论要求出发来探索玄学美学的研究价值,亦不失为一种较具指向性的研究思路。

综上,进入新时期,大陆学界的关注点也多涉及玄学美学二者在学科、学理、内涵、外延、人物等方面的共性与特性关系,且研究方法也呈现多样化态势,诸如纯粹范畴分析、历史人物评述、观点对比解释、文献整理等。其中大陆学者的论文形式的产出要远高于专著形式,而这恐也由玄学美学这一理论概念的初创性所决定,即其理论依据与实践效果尚待学界进一步讨论和开发,但无论如何,通过已经问世的研究成果可以看出,大陆学者大多已开始有意识地将魏晋玄学美学研究从西方美学视角转至中国(美学)思想史的基本书框架内了 [①]。

---

① 原见于作者博士学位论文《王弼美恶同门观的美学思想研究》首章绪论部分内容。

附录二

"即色本无"与"即色游玄"
的差异比照

摘要：本文的分析对象是中国魏晋时代后期佛教初传的本土化产物——"六家七宗"中的支遁即色宗。在我们具体理解"即色宗"所倡导的特定"即色"概念时，就不免会涉及对"即色本无"与"即色游玄"二者的解读。若以此视角来考察"即色"，则会发现，在"性空"理论的内部中支遁（道林）即色宗的"即色"概念往往表现出差异性。事实上，所谓"即色本无"即从作为客体存在的共同特征（"色之为色"的共有属性）上来辨究"本无"与"即色"的抽象关系的；"即色游玄"，则相比"本无"更加侧重其之于"即色"的形象关系，即本书所论述的"审美特质"。这种差异性虽然一方面影响到了对"即色"本义的中性理解，但在另一方面也正由于这种差异的比照，才使得我们不断将"即色"推向至对其属性问题（共有与个体、抽象与形象）的探讨上，如此方能真正达成对即色宗特定的"即色"概念的进一步认识。

关键词："即色"；"必要主体"；属性问题

一、何谓即色宗之"即色"？

东晋僧肇在其《不真空论》中对时下"六家七宗"① 之支遁"即色宗"本义有过如下批评：

> 即色者，明色不自色，故虽色而非色也。夫言色者，但当色即色，岂待色色而后为色哉？此直语色不自色，未领色之非色也。②

通过僧肇对于"即色宗"之"即色"义的描述，我们可以知道其本义是所谓"色不自色，虽色而非色"的，其旨在说明"色"（客观事物及所产

---

① "六家七宗"提法主要出自南朝宋庄严寺僧昙济所著《六家七宗论》以及东晋僧肇所著《肇论·不真空论》，其中对关于罗什来华前的中国本土佛教思想的概况有过总结，即所谓"本无宗""本无异宗"（"本无"之支派）、"心无宗""即色宗""识含宗""幻化宗""缘会宗"七宗。此七宗都各自或直接或婉曲地对早期传译经书诸如《放光经》等中所体现的佛教般若思想加以义理上的阐释，从而从各具特色的思考角度出发以形成各自的派别。僧肇在《肇论》中只对"本无、心无、即色"三宗进行了批判，此后南朝陈僧人慧达所作《肇论序》及唐代元康所著的《肇论疏》也接续此论断，可见此三宗是具有七家的典型性与代表性的。
② 僧肇.肇论校释[M].张春波校释.北京：中华书局，2010：40.

生的现象)不能自我生成,是需要借助主观力量实现的,所以现存的我们能感知到的"色"并非真正是其本身。对于此点,僧肇则认为即色宗所言之"色"是单方面的,是孤立的。他并没有认识到"色"本就是"非色"(空),"色"在根本上也是"假有"①的。故当然可以"非色",而并不是某种主体的赋予结果。所以即色宗之"色""直语色不自色",而未能发觉"色"的"非色"一面(属性)。

这里,僧肇对即色宗的批判自然是导源于其空观思想的,是在承认事物"假有",即"色本是非色"事实的基础上来对"色"概念进行认识的。当然,此处我们说这种"非色"不应作"色"的简单对立面去分别"色",而应归属于"色"的范畴整体之中,并作为其自身的条件性存在而存在。从僧肇处,我们是务必要去空"色"的,是不能就"色"谈"色"的,否则就是犯了"待色色而后为色"的弊病,但问题是,倘使"即色"范畴成立,也就是说"色"是可以"即"的话,那么我们再将即色宗之"即色"置于僧肇所谓"色空"处加以分析,就必然会消解其"即"意之于"色"意的概念主导性。而这,我们认为或许恰恰才是把握即色宗之"即色"范畴的关键所在。吕澄在《中国佛学源流略讲》中评析道:"僧肇批评支道林的片面,仅仅是因为他从认识论上论证空性,没有配合缘起法来理解吗?事实上,支道林是否只有这样表面上的缺点,还是值得研究的。"②基于此点,我们对于"即色"含义的把握,就有必要先行对"即色本无"加以辨究了。

汤用彤先生在其《汉魏两晋南北朝佛教史》中对即色宗之"即色本无"义有过表述:"支法师即色空理,盖为《般若》'本无'下一注解,以即色证明其本无之旨。盖支公宗旨所在,固为本无也。"③我们可知,支遁即色宗是旨在辨究般若的空义的;且即便是"即色"的存在保有目的

---

① 关于僧肇"假有"概念的提出与阐释,详见其《肇论》中的《不真空论》与《般若无知论》。僧肇认为,现实事物如果"真有",那么将永无消亡之时。但事实证明并非如此,故现实事物"假有",也是始终保持着其自身的"假有态"的,即"如其真有,有则无灭"。而又因万物皆"缘会而生,缘离则灭",都是因缘和合的结果。所以,在认识论层面上,对于客体,我们应该承认其"假有"属性。
② 吕澄.中国佛学源流略讲[M].北京:中华书局,1979:51.
③ 汤用彤.汉魏两晋南北朝佛教史[M].上海:上海人民出版社,2015:181.

性,也是首要服务于"本无"①的。故而在支遁处,引述"即色"只是为了说明以至证明"本无"的"事实存在"。如同慧达所言:"所谓色不自色者,即明一切诸法无有自性"②,且这种"无有其自体"的"色"由于是因缘假有的施事对象,即获得了色之为色的"空、无"本性。因此,经过上述论断我们便可发现,支遁的"即色"显然是一种孤立"色",是始终不能缺少某一"主体"的"必要参与"的,甚至是主导,所以只能停留在个体层("色即为空,色复异空")而不能成为色之为色的"共有"事实(即"色空")。这样的"即色"是需要"待色色而后为色"的。而为了探寻某种"真有"空,经由"即色"作用之后的空就势必不可为"假有空",而只能是"色不自有"的假象结果;因不能证其"真有"(事实)属性,故这种"即色"之空也就将永远成为色本身的一种抽象存在,"假有空"也将被理解为是色之为色的共有属性必然所致。故由此色所得出的空义就会不可避免地脱离其本体问题而投向某种有关空("本无")的属性问题之上,即将"色"不断推至与空的"事实存在"相被动的假象存在当中。

实然,"即色"之空是"虽色而空"(慧达《肇论疏》语)的,且"即色"也因无法"自色"而终致其"空化"。这种"空化"实质上则是有别于般若之性空的,乃是"色之性"使然,是在强调"空"的属性特征而不在"究其本",故石峻先生称其所谓"现象上说'空'(无)的名'即色空'"③。并且这种旨在说明"物无"的"即色",实际上是对客观现象中所体现出的"空性"(作为空的属性,非"性空")再加以着"色",使之"以色性是空为空,色体是有为有"④。进而在支遁的逻辑范畴内,僧肇的色之为色的"假有"本质是不能确证"色"作为非本质一面("色不自色")的存在的,即从个体角度的现象存在是难以推出共性本质的"事实存在"的。后者是本体意义的,所以其所得结论具有"事实性";前者则是属性意义(后文将以此为审美特质)的,所以所得结论只能停留在"空化"(即色本无或即色空)阶段而终究入不了真"空"("空无"或性空),因为没有"色色"

---

① "本无"在魏晋时期,即罗什来华传译大乘佛义前,是一种对印度佛学般若性空(大智)的中国化表述,罗什后称译为"真如"。另外,此"本无"在对"性空"的范畴探讨中是不能等同于正始玄学之"贵无"的,因为王弼的"贵无"更侧重于"无"的本(位),重在"无"的本体论;而佛教性空观中之"本无",是认识论意义上的范畴,强调"空"的"本无"属性。

② 汤用彤.汉魏两晋南北朝佛教史[M].上海:上海人民出版社,2015:180.

③ 石峻.石峻文存[M].北京:华夏出版社,2006:80.

④ 汤用彤.魏晋玄学论稿[M].上海:上海人民出版社,2015:184.

者即不可"自色"。也就是说,"即色"的存在是以色无法自色为前提的。如令色存,则必先令其"真有";如何令其"真有",就须取决于"色"成立所不可或缺的"必要主体"的绝对作用了。

二、"即色"得以成立的主体必要性

那么,这种"即色"既不可"自色"却已然"成色"的产生缘由究竟为何?熊十力先生在其《佛家名相通释》中对色义有如此说明:

> 色者何?《论》云谓四大种(亦称大种),及四大种所造(省称造色),皆名为色。……如情所计,应是大种先起,造色后依之而生。称理不谈,则造色为宇宙灵窍开启,大种之成,正为造色,不得谓大种现起以后,造色乃偶然发生也。是恶可妄计先后耶?……总之,说大种为造色之因者,只明物界乃相依相缘而有,不可于此纷纷起执而更求其生起之时序。①

"色"是被造的。而何者造"色"? "大种"所造。"大种"为何?可为宇宙灵窍开启所致,亦可专为"造色"而起、而成。在这里,对于"大种"的理解就大有模糊之势了。若说其先起,则先不过"宇宙灵窍";若称其为后,则"造色"行为实非偶然,尤其在"情所计"的基础上,"大种"之于"造色"显然已经不能简单地次序化了。但应当承认的是,除去先后之别,"大种"的产生实质上是存在目的性的,即是为了"造色"。这一点,在"因缘"处也会得到证明。这样一来,我们就不难看出,"色"是可以"如情所计"的,而这种"情化"后的"色"("大种"无先后地、非偶然地所造之色)则同支遁即色宗之"即色"似有不谋之和。"大种之成,正为造色","情计"之"大种"对于"色"本身来说,是"因",是其发生之所"依"。而这种必然需要的根本主体,则或许在支遁《要钞序》之中被描述为了某种理想之"至人"形象。

> 夫至人也,览通群妙,凝神玄冥。领虚响应,感通无方。神

---

① 熊十力.佛家名相通释[M].郑州:大象出版社,2017:7.

何动哉？以之不动，故应变无穷。①

　　支遁所表述之"至人"显然是受时下玄学思潮的深入影响的，当然其本人也本就甚爱"玄谈妙美，养马放鹤，优游山水"②，颇具玄士之风。但究此本义，恐是在为"即色"得以成立寻求一"不动"之"因"，即"至人"（"神"）之使然。而至于"至人"得以成为"即色"之"因"，则应在于支遁意图用以解空，即"固为本无"。前文已论支遁的"本无"有别于"空无"（"性空"），实乃一种"即色本无"（"即色空"），所以这种"即色本无"不像"性空无"可以"假有"，可以"事实存在"；相反，其必须经由"至人"的绝对作用，经由"情所计"，方可得以成立。"至人"之于这种"不可自色之色"，则被突出地表现为一种"必要主体"之于受造物之状。因此我们有理由认为，恐怕支遁之所以立一"至人"形象，很大程度上也是为了更好地解释"色不自色"之缘由，使其呈现具象化态势。吕澄先生也谈到，"支遁所说的色，是指'共相'的认识，是指与非色相区别的'共相'，而不是指色的'自相'。"③值得我们思考的是，这样的结果便会使得"色"即便在范畴层面，也将只获得共性而失掉个性，并且在对"即色本无"的进一步诠释当中显得尤为被动与不完整。至于"本无"的空性，也不再是独立的"性空"，只可依附于某种"必要主体"的介入（绝对作用）上，以成其为所谓"即色本空"。

　　也正因由"至人"作为"必要主体"（"必要主体"从认识论意义上也是一种个体存在，此点后文有涉及）的赋予，才使得"虽色"（没有主体化过的"色"）能成为"自色之色"。而这种"自色之色"已然不再"非色"，是为"大种所造之色"，为"情所计之色"。如若我们可以将此"情"同作"即色本无"来理解，那么如其所计而出的"色"是否又有着相对于"本无"之"色"所不同的"色"的表征？前文提到，支遁所论之"即色"是认识论意义的，且并非"空之色"而只是"色不自色"，是一种"空化"的体现。而"即色"目的终究在于解空，"即色本无"作为一种共性范畴（一般性），也始终需要由"必要主体"（可为"至人"亦可为"大种"）所赋予成立。这种"即色"显然是不足以完满回应"本无"作为其共有属性的个体存在"事实"的，所以就必然需要将"即色"尽可能地玄化以至

---

①　汤用彤.汉魏两晋南北朝佛教史[M].上海：上海人民出版社,2015：181.
②　汤用彤.汉魏两晋南北朝佛教史[M].上海：上海人民出版社,2015：125.
③　吕澄.中国佛学源流略讲[M].北京：中化书局,51.

审美化,进而弥补个体表达的不足,即让"即色游玄"的形象属性来自然审美化"即色本无"的抽象属性,从而让"即色"在属性角度上真正达到解空的目的。在"必要主体"的必然赋予下,"游玄"的出现则将"本无"作为"即色"的共有属性一面带有了可审美的特质。而"即色"审美特质的被发觉,也正是"如情所计"、为"大种所造"后的"色"所产生的必然结果。

三、对"即色游玄"问题的思考

《大乘起信论》有云:"毕竟无得,亦无色相可见。而有见色相者,非是智色不空之性,以智相无可见故。言异相者,如种种瓦器,各各不同。"[1]

《起信论》从"色自在"的角度认为"色相"是无可见的。因其"无得",故无可见的"色相"也是所谓"智色"的空性的结果呈现,但问题是,为何又会出现"有见"的"事实存在"?这里对"色"本身而言,就开始有了"智色之色"(色共性)与"异相之色"(色个体)之别了。确切地说,是"色"在本质与现象、共有属性(共相)与个体属性(殊相)方面产生了"分别",才致使原同之瓦器却各为不同。将"智色"推至"本无",则"智色之相"在某种程度上就可以理解成"即色本无"的"事实存在"了。可这样一来,即便是"智色"也会产生"可见"情况,所以对于"即色"来讲就更需要一种与之对应的"异色"(支遁所谓本无之色的差别状态)了。其通过形容"本无"作为"即色"共有本质的个体(自有)属性、具象属性,从而使"即色之色"本身得到完全。"游玄"的提出恐即在这种需要下被支遁予以呈现。

支道林著《即色游玄论》云,夫色之性,色不自色。不自,虽色而空。如知不自知,虽知而寂也。[2]

在支遁处,"色"之为空乃在于其"不自"之性。在认识上,我们也

---

[1] 真谛译.大乘起信论校释[M].北京:中华书局,2016:52.
[2] 汤用彤.汉魏两晋南北朝佛教史[M].上海:上海人民出版社,2015:180.

始终无法获得"真知"。这样的结果则会模糊化我们对于"即色本空"(色的共有属性)的有效理解,所以就需要我们必须解决"色""不自"的"性因"问题(色的个体属性),即"即色游玄"之于"即色本无"的关系存在。通过前文所论我们可以知道,在"即色本无"的角度上,对"色"的理解是多元的。一方面"色"有其共性,皆"本无";而另一方面,"色"的个体属性也允许其存有差异("色复异空"①),并能逾"空"之外得以留存。这种"逾外"的"不自色"则必须卸去色之为色的"空性"特征(共有属性),并被置于某种个体存在(即所谓"必要主体"或其他对于"色"而言的个体存在,甚至在某种程度上也包括"色"本身)的差异性之中,才能使"本无"得以"即色"。而这种差异性的存在显然将证明"游玄"之于"即色"的属性化的成立,也是"即色"之"未与佛同"②的一面。那么,支遁的所谓"游玄之色"在"色"的个体属性上又有着怎样的表现?且又因何这种"游玄之色"于空之外可以"未与佛同"?

> 《世说新语·文学篇注》有载支遁《逍遥论》:"夫逍遥者,明至人之心也。至人乘天正而高兴,游无穷于放浪。……玄感不为,不疾而速,此所以为逍遥也。……若夫有欲当其所足,足于所足,快然有似天真,……苟非至足,岂所以逍遥乎?"③

支遁已然借助对庄子"逍遥"的个人发挥来为其"游玄"之义作以说明。这里的"逍遥"在支遁处,明显是可以代表"至人"形象(所谓"必要主体")的。具体来说,如何达成"逍遥"?支遁认为,须"至足",而不可"当其所足,足于所足"。如何达成"至足"?则由"至人""放浪、高兴"的结果产生。而为何这里的"逍遥"是可"不疾而速"的?是因为"玄感"的"不为",这种"不为之玄感"所体现出的"至人"个性(作为"至人"的个体属性)当然是有别于"天真"(一般"所足"的共有属性)的。在"色色"的同时也在令"色"本身不断玄化、形象化、审美化,以配合回应"即色"的空性、"本无"性以及其共有本质的属性要求。即如图示:

---

① 吕澄先生认为,"认识上的色既是非色、假象、空,也就这样来说空之外还有色(由色的概念而成其为色)。"
② 僧祐.弘明集校笺[M].上海:上海古籍出版社,2013:164.
③ 刘义庆.世说新语[M].刘孝标注.上海:上海古籍出版社,2012:45.

```
 ⌒("色色")⌒      ⌒（属性化或审美化）⌒
"必要主体"—————————— 即色(本无)——————————"游玄"
```

　　也正因其"不为""游玄"的个体属性之于"即色",才越发显露出
了其审美特质。也只有通过揭示"即色游玄"的审美特质（即对色的抽
象共性予以适当消解）一面,才能补足"即色本无"的"所足",进而使之
"至足",达成逍遥。故汤用彤先生才道:"无者,亦无心忘怀,逍遥至足,
如支氏所写之至人之心"。而通过"游玄"这一审美特质的生发,也在认
识论意义上将"本无"与"即色"联系得更为紧密;同时,在属性角度,
也将"即色"的共有属性与其个体属性作以差别,从而使得"即色"得以
从"本无"中自然分化出"游玄";而"游玄"作为"即色"的一种个体属
性存在,也让"本无"得到了审美化,进而"逍遥"、解空。这样来看,支
遁即色宗的"游玄"问题,实质上则是"即色"如何能够真正实现"本无"
的属性问题。

　　　　　　　　　　　　　（原载于《文化学刊》,2019 年第 12 期）